NOTES
RECUEILLIES EN VISITANT LES PRISONS DE LA SUISSE,

ET

REMARQUES
SUR LES MOYENS DE LES AMÉLIORER,

AVEC

QUELQUES DÉTAILS
SUR LES PRISONS DE CHAMBÉRY ET DE TURIN,

PAR FRANCIS CUNNINGHAM,

SUIVIES

De la description des prisons améliorées de Gand, Philadelphie, Bury, Ilchester et Millbank, et d'un rapport sur le Comité des Dames a New-Gate,

PAR T. F. BUXTON, Esq., Membre du Parlement.

L'Eternel prend plaisir à ce que le méchant se détourne de sa voie, et qu'il vive.   Ez. ch. XXXIII.

Parum est improbos coercere pœná nisi probos efficias disciplinâ.

Façade de la maison de détention de St. Michel, à Rome.

SE VEND

a GENÈVE et a PARIS,
CHEZ J. J. PASCHOUD.

De l'impr.ᵉ de J. J. Luc Sestié, rue de la Pelisserie.

1820.

Le produit de la vente de cet ouvrage à Genève sera remis au Comité des Dames, et appliqué par elles aux besoins des prisonnières. Il y a des dépenses attachées aux soins d'un Comité de ce genre, auxquelles on ne peut douter que le public ne se fasse un plaisir de contribuer.

NOTES

RECUEILLIES EN VISITANT LES PRISONS DE LA SUISSE,
ET REMARQUES SUR LES MOYENS DE LES AMÉLIORER,
AVEC QUELQUES DÉTAILS SUR LES PRISONS DE CHAM-
BÉRY ET DE TURIN, SUIVIES DE LA DESCRIPTION DES
PRISONS AMÉLIORÉES DE GAND, PHILADELPHIE, BURY,
ILCHESTER ET MILLBANK, ET D'UN RAPPORT SUR LE
COMITÉ DES DAMES A NEW-GATE.

L'ÉTRANGER qui prend sur lui de présenter aux
habitans d'un pays éloigné du sien, ses observations
sur leurs institutions domestiques, a besoin, je le
sais, de quelque apologie. Cependant l'objet dont
je désire les occuper étant d'une utilité générale,
je crois avoir quelque droit à leur indulgence. L'amélioration de la discipline des prisons est un objet
si important, le sort des prisonniers est tellement
lié à la sûreté publique, que je me suis hasardé à
publier les observations suivantes ; elles sont le résultat de l'examen que j'ai fait des prisons de la
plupart des Cantons de la Confédération Suisse.

J'ai accompagné ces observations de plusieurs do-
cumens tirés d'un ouvrage qui jouit de l'estime générale, celui de T. F. BUXTON, Esq., membre du

Parlement (1). L'auteur de cet ouvrage qui a eu six éditions successives en Angleterre, et où il avance des faits dont aucun n'a jamais été réfuté ni contredit, a eu pour but en le publiant de montrer à ses concitoyens à quel point un bon système de discipline des prisons est une chose juste et avantageuse, et d'éveiller leur attention sur les énormes abus qui régnaient à cet égard dans son pays. Je n'ai pas cru nécessaire de publier les observations de M.ʳ Buxton sur ce dernier point; le détail d'abus particuliers à l'Angleterre aurait été peu utile au lecteur Suisse ; une partie de ces abus a d'ailleurs cessé d'exister, on a fait de grands pas dans la ré-

(1) « Le livre de M.ʳ Buxton a fait une grande sensation en Angleterre. L'auteur a examiné les prisons dans un esprit de charité et de justice, et il a dévoilé des abus monstrueux. Quelques-uns de ses tableaux font horreur, et on ne peut les croire exagérés, quand on voit qu'il a pris la précaution de faire approuver ses rapports par les chefs même des prisons » (*Bibliothèque universelle, Littérature,* Tom. 8, p. 367).

« Six éditions ont paru dans la même année; j'emprunte à ce livre, qui est écrit avec une grande vigueur d'un bout à l'autre, et dans lequel la pitié due à l'infortune ne cesse point de parler à l'âme du lecteur, la plupart des faits que j'ai rapportés sur les prisons d'Angleterre. Il renferme des réflexions et des observations générales qui sont de la plus haute importance, et qui intéressent également les gouvernemens, les moralistes, les médecins et les philanthropes. »

(*Les prisons telles qu'elles sont et telles qu'elles devraient être,* par Villarmée).

forme des prisons de cette île , et il est probable que des mesures législatives compléteront dans la prochaine session du parlement l'œuvre si bien commencée par les magistrats de tout le royaume. Je me suis donc attaché à publier l'état des prisons qui ont subi quelque réforme , soit en Angleterre soit ailleurs , dans des pays dont les gouvernemens et les institutions religieuses sont également différens.

J'ai voulu , en offrant cet exposé au public de la Suisse , lui laisser apercevoir à la fois , et ce qui manque aux prisons de ce pays , et les améliorations qu'il serait facile d'y opérer. — Mr Buxton a fait contraster dans son ouvrage les institutions vicieuses avec les institutions perfectionnées ; je ne suivrai pas la même route , je désire exciter l'esprit d'examen et non point une censure spéciale ; c'est pour cela que j'éviterai d'indiquer le lieu précis où le mal existe, et que je laisserai aux directeurs des établissemens sur lesquels portent mes observations à en faire eux-mêmes l'application. Si malgré cette précaution , j'avais le malheur d'offenser quelques personnes , j'espère que l'on ne refusera pas de me croire, lorsque je dirai que , bien loin de me complaire à relever quelque défaut dans les institutions d'un pays dont le séjour m'a été à la fois si agréable et si utile , mon seul désir est de voir les prisons de cette contrée dirigées avec une sagesse égale à celle qui préside à un grand nombre de ses insti-

tations. L'unique sentiment qui me fait agir est
celui d'être utile à l'humanité.

L'objet qu'on s'est proposé jusqu'ici en séques-
trant le prisonnier, a été beaucoup moins de le
corriger que de le punir, et d'arrêter par la terreur
ceux qui pourraient être tentés de s'abandonner au
crime : toute espèce d'amendement moral a été re-
gardé comme impossible. Je vais entreprendre de
signaler quelques-uns des maux qui résultent nécessairement de cette manière de voir, et je mon-
trerai ensuite qu'il en est d'autres qui sont particuliers à la Suisse.

1.º *On perd l'occasion de ramener le prisonnier au bien;* sa détention est cependant le moment
le plus favorable pour cela. C'est ce qui sera facile
de prouver en comparant le nombre de rechutes des
prisonniers sortis de prison diversement administrées. A New-Gate, avant la formation du comité des
Dames, les rechutes des femmes comparées à celles
des hommes, étaient dans la proportion de 3 à 5,
maintenant elles sont de 1 à 12 (1). A Londres,
sur cent détenus, on en compte en moyenne 40 de
condamnés pour récidive (2). A Paris, à peu près un
tiers (3). A Glascow, deux tiers (4). A Philadelphie,
avant la réforme des prisons, on en trouvait 40

---

(1) Gurney. *Visite des prisons d'Ecosse.*

(2) Buxton.

(5) Villarmée.

(4) Gurney. (Son assertion ne s'applique qu'à *une seule*
prison de cette ville).

sur cent, comme à Londres (1). Depuis lors ce nombre a été réduit à cinq pour cent; l'on trouve le même résultat sur cent individus sortant de la prison de Gand et de celle de Bury, il n'y en a que cinq que l'on renferme de nouveau. Ainsi donc l'un des systèmes retire du crime 35 prisonniers sur cent de plus que l'autre.

2.° Il résulte de ce que nous venons d'exposer, que, sous un mauvais système de prisons, *les crimes se multiplient*, au lieu de devenir moins fréquens. C'est une vérité reconnue dans tous les pays; sans doute plusieurs autres causes concourent à produire cet effet, mais celle-là est une des principales. Les changemens apportés dans la prison de Philadelphie ont suffi pour diminuer les délits dans la proportion de 592 à 243, et les grands crimes dans celle de 129 à 25 (2).

3.° Cette même cause produit un autre mal, qui, l'on peut le craindre, n'est que trop commun dans la Suisse, c'est *la trop fréquente application de la peine de mort, ou de quelque autre punition qui ne tend point à réformer le criminel*, ou à rassurer la société contre le pouvoir qu'il a de nuire. « Si vous étiez notre compatriote, me disait un ecclésiastique bien respectable, que ses fonctions avaient appelé à accompagner une femme coupable à l'échafaud,

(1) Duc de LIANCOURT. (Visite des prisons de Philadelphie).
(2) BUXTON.

je vous dirais à l'oreille le crime qui lui a valu la mort, mais je me garderais de le dire à un étranger.» Il ajouta qu'il ne pouvait assigner d'autre cause à la sévérité exercée envers cette femme, que la difficulté de pourvoir à sa détention.

Toute sentence de mort, prononcée pour un autre crime que le meurtre, est privée de la sanction divine, et ne peut trouver d'appui que dans les institutions humaines : que dire d'une sentence qui condamnerait à mort parce que la prison n'est pas assez vaste, qu'elle est mal bâtie ou mal administrée, parce qu'il est plus économique ou plus commode de sacrifier un homme que de construire des murs?

4.º Ne peut-on pas considérer aussi comme un fâcheux résultat de l'organisation vicieuse des prisons, un autre mode de punition également injuste et contraire aux devoirs d'un bon voisinage ? Je veux parler du *bannissement*. Cette peine est injuste dans son application, puisqu'elle est presque nulle lorsqu'elle s'applique à un étranger ou à un homme isolé, et qu'elle devient le peine la plus sévère pour celui dont elle rompt tous les liens de famille et de patrie, et qu'elle prive peut-être de tout moyen d'existence. Elle est contraire aux devoirs d'un bon voisinage, en repoussant dans une contrée voisine un homme atteint d'un mal contagieux, et qui, en retour d'une hospitalité qu'on lui accordera sans défiance, répandra autour de lui le désordre et le crime. Je sais que l'on pourra dire que le coupable, instruit par ses souffrances passées, éloigné du théâtre et des complices de ses désordres, sachant qu'il n'est que toléré dans son nouveau séjour, trouvera dans ces circonstances de puissans motifs à se mieux conduire. Mais doit-on supposer qu'il se respecte davantage chez des étrangers qu'il ne l'a fait au milieu de sa famille et de ses amis, et sous l'influence des liens sociaux que son bannissement a rompus ; n'est-il pas au contraire beaucoup plus à craindre qu'il ne se livre au vagabondage ?

5.º De mauvaises prisons sont encore la source d'autres maux que le législateur n'a pas le droit d'infliger. Ainsi que l'observe M.ʳ Buxton, la nudité, le froid, les maladies, l'obligation de respirer un air corrompu, de vivre au milieu des plus honteux désordres du vice, ne sont pas des peines légales à la disposition du magistrat civil ; un système de prisons qui expose le détenu à ces souffrances, est donc non-seulement *cruel*, mais encore *injuste :* il le soumet à un surcroît de peine auquel il n'est pas condamné. Il est *partial :* ce surcroît est le même quelle que soit la peine commise par le détenu ; il est *impolitique :* il rend impossibles les deux grands résultats que l'on doit chercher à obtenir par la punition des délits, empêcher que le crime ne se propage, et corriger le criminel, car il fait de la prison une école de coruption et de vice ; enfin il est *indigne d'un peuple sage et humain,* dont il tend à détruire la moralité et à dégrader le caractère (1).

(1) Je voudrais que dans le cours de chaque journée, les traitemens dont il est l'objet fussent remplis de douceur et d'humanité ; je le voudrais, parce que le contraire entraîne les résultats les plus déplorables. Je l'ai déjà dit : tout homme qui se voit rejeté par ses semblables, les rejette à son tour, et leur rend dans le secret de son cœur tous les outrages qu'il en reçoit. Les hommes rompent avec lui, il rompt avec eux; et l'état d'hostilité où il se constitue à leur égard lui paraît juste, parce qu'il est réciproque. La rage permanente qui le transporte le rend sourd à toute bonne idée, à tout bon sentiment; ou bien, s'il manque de cette audace et de cette vive énergie qui rend guerre pour guerre, s'il est d'une trempe moins ferme, il tombe dans l'abattement et le désespoir. Il tourne sur lui ses propres mains, ou il devient plus insensible que la brute. Au contraire, environnez le prisonnier d'intérêt, d'affection, de douceur, je dirais presque de politesse ; s'il se compare avec vous, il se juge, il rougit de lui-même ; il s'aperçoit qu'il est des hommes meilleurs que lui, et des actions généreuses auxquelles il est forcé d'applaudir, puisqu'elles lui sont utiles. Pour peu que vous réchauffiez dans son cœur ce qu'il a conservé de juste, d'humain et de social, il se rassure, il reprend de sa propre estime, il espère : le modèle de conduite que vous mettez sous ses yeux, il l'aime, il le respecte, il se dispose à l'imiter ; c'est ainsi que, ne vous abaissant point à lui, mais l'élevant jusqu'à vous, vous lui ouvrez une carrière nouvelle où tout lui rit, et où l'appellent des biens inconnus jusque là. J'ajoute qu'il n'est point de filtre ni d'enchantement qui puisse pénétrer jusqu'aux sources de la vie avec plus d'efficacité que des espérances si consolantes et une si douce perspective. Tous les tissus s'épanouis-

Les prisonniers appartiennent à deux classes bien distinctes, et qu'il est important de ne jamais confondre, car leurs droits sont bien différens. Les uns ne sont que prévenus, les autres sont condamnés. La culpabilité des premiers étant douteuse encore, la détention ne doit pas être une punition, et elle n'est légitime qu'au degré nécessaire pour s'assurer que l'accusé sera présent à son jugement. En Angleterre la loi répugne tellement à ordonner la détention préalable, qu'elle laisse l'accusé en liberté toutes les fois que le délit n'est pas très-grave, et qu'il fournit une caution suffisante pour assurer sa comparution, et dans tous les cas, selon l'expres-

sent; toutes les fonctions se régularisent; toutes les forces se développent; la raison s'éclaire; la volonté s'épure; la santé s'affermit; et par le travail dont le goût se fortifie de plus en plus et se change en passion, l'homme coupable un instant, mais purifié par une peine que vous avez rendue salutaire, peut enfin recouvrer tout son prix. Je sais, Messieurs, qu'il est des naturels durs, des caractères indomptables, que rien ne touche, dont rien ne fléchit la férocité; qui s'irritent également du bien et du mal, qui traitent la justice de barbarie et la bonté de faiblesse : mais ces cœurs de bronze sont de vrais monstres, et les monstres sont rares; ils font exception, et dans la conduite des affaires, ce n'est jamais sur des exceptions qu'il faut se régler, quelles qu'elles soient. Du reste, ce qui doit trancher sur ce point, c'est l'expérience. J'ai vu Bicêtre à deux époques différentes : dans l'une, Bicêtre réalisait l'enfer des poëtes, dans l'autre, qui est l'époque actuelle, il s'administre comme un couvent. (*Rapport au Conseil Général des prisons de la France*, pag. 5o).

sion d'un de nos plus habiles jurisconsultes (Lord Coke), « la loi a horreur qu'un homme subisse une longue détention avant d'être jugé. »

Il est évident que le prévenu doit être traité avec toute la douceur possible; s'il est privé de sa liberté avant son jugement, cette privation ne doit pas être accompagnée de souffrances inutiles, et l'on doit se borner à prendre à son égard les précautions nécessaires pour empêcher son évasion. Tout mauvais traitement, toute contrainte, toute privation inutile à sa sûreté, est un acte d'injustice et oppressif. «Les lois peuvent avec quelque apparence de justice être aussi sévères à l'égard du crime, que l'étaient celles de Dracon; des législateurs peuvent s'imaginer faussement qu'une rigueur excessive conservera l'innocence par l'effroi des conséquences du vice; mais il n'y a point de système qui puisse excuser l'emploi d'une rigueur inutile à l'égard des prévenus. Tout homme peut éviter la peine décernée contre le crime en s'abstenant de le commettre, mais quel est l'homme qui peut se dire à l'abri d'une fausse accusation? condamner celui qui n'est encore que soupçonné, à autre chose qu'à une simple détention, c'est punir lorsque le crime est incertain » (1). Le même Lord Coke, que nous avons déjà cité, a dit avec justesse : « Un poëte philosophe a décrit en traits énergiques les procédés infernaux du juge des enfers.

Gnossius hic Rhadamanthus habet durissima regna

Castigatque, auditque dolos. »

(1) Buxton.

« Il punit, ensuite il juge ; mais ces moyens se-
» ront toujours repoussés avec horreur partout où il
» y aura des juges équitables et de bonnes lois. »

« Rappelons-nous que dès le moment de son ar-
» réstation, le prévenu n'étant point encore re-
» connu coupable, nous n'avons aucun droit de lui
» faire parcourir les rues enchaîné, et de le couvrir
» d'ignominie en le donnant en spectable à ceux
» qui jusques là l'avaient cru sans tache. L'infamie
» doit être la conséquence du crime, et ne doit ja-
» mais être celle du simple soupçon, il faut donc
» respecter son amour-propre autant que possible,
» et le faire conduire en prison avec décence et en
» secret ; une fois qu'il est sous les verroux, nous
» n'avons pas davantage le droit de le surcharger
» de fers, de le soumettre à cette souffrance cor-
» porelle, ni aux angoisses de l'âme qui accompa-
» gnent ces signes de dégradation, chez un homme
» dont les sentimens ne sont pas encore anéantis,
» et personne n'a le droit de supposer qu'ils le
» soient. »

« Nous n'avons pas le droit de le priver d'un air
» pur, d'une nourriture saine et suffisante, des
» moyens de prendre quelque exercice. Nous n'avons
» pas le droit de le priver d'un travail d'où dépend
» peut-être l'existence de sa famille, si ce travail
» n'est pas incompatible avec son séjour dans la pri-
» son. Nous n'avons pas le droit de l'exposer à souf-
» frir du froid, faute de feu pendant le jour, et

» de couvertures pendant la nuit. En l'enlevant à
» son domicile nous lui avons ôté les moyens de se
» procurer les besoins et les douceurs de la vie ;
» nous sommes donc tenus de les lui procurer nous-
» mêmes , mais il faut le faire avec modération. »

« Nous n'avons pas mieux le droit de nuire à ses
» *bonnes habitudes* , en le soumettant à une oisi-
» veté forcée ; à sa *moralité* , en l'associant à un
» ramas d'hommes endurcis , et de criminels avé-
» rés; à sa *santé* enfin , en lui faisant passer la nuit
» dans des chambres humides et mal propres , et
» dont l'air est promptement vicié par le souffle des
» hommes qu'on y refoule. »

« Nous devons au contraire veiller à ce qu'il ait
» au moral et au physique tout ce qui lui est né-
» cessaire ; nous devons encore accélérer son juge-
» ment autant que cela est possible , et lui fournir
» les moyens de prouver son innocence. Une heure
» de délai inutile est, ou peut devenir , une heure
» d'emprisonnement injuste. »

« S'il est acquitté , on lui doit tout au moins de
» le replacer dans les mêmes circonstances où il
» était lorsqu'on l'a arrêté , de payer la dépense de
» son retour chez lui, et de lui procurer les moyens
» d'exister , jusqu'à ce qu'il ait pu retrouver de
» l'ouvrage. S'il est condamné, c'est à la loi de dé-
» terminer la peine que mérite son offense. »

Ces observations de M.r Buxton , quoique rela-
tives à l'Angleterre, peuvent s'appliquer avec bien

de la force à l'état des prévenus dans une grande partie de la Suisse ; car la manière dont il m'a paru qu'on les traite, a bien de la dureté. Ils sont en général mêlés avec les condamnés toutes les fois qu'on ne juge pas nécessaire de les mettre au secret, et dans ce dernier cas leur condition est peut-être pire ; ils sont alors placés dans des cachots souvent humides et obscurs, et où ils ont beaucoup à souffrir. J'ai vu dans une des prisons de la Suisse, un homme qui était détenu depuis douze mois, et dont on me dit que la procédure ne pouvait être complétée avant deux autres mois ; il était enchaîné à son lit, qui lui servait à la fois de chaise et de table, seul, sans ouvrage, sans autre distraction que quelques vieux livres ; la lumière ne pénétrait dans son cachot que par une ouverture élevée ; trois fois le jour son géôlier venait en bateau lui apporter à manger, et visiter sa chaîne. C'est dans cette solitude, au milieu des eaux, que ce pauvre malheureux a vu tristement les saisons se succéder les unes aux autres, et qu'il a souffert plus que ne souffrent les prisonniers déjà condamnés. Avec quelle effrayante vérité ne peut-on pas dire d'un régime pareil : *« il punit, ensuite il juge !»* Sans doute qu'il est des cas où l'instruction de la procédure exige la séquestration complète du prisonnier, mais les cachots en Suisse sont souvent placés les uns à l'égard des autres, de manière à ce que ceux qu'ils renferment, puissent en élevant la voix, s'entrete-

nir entr'eux, et c'est ce qui serait arrivé sans aucun doute dans le cas que je viens de citer, si ce
malheureux n'avait pas été seul prisonnier dans la
tour; l'absence du géôlier aurait facilité les communications.

Quant aux droits des condamnés, je sais qu'ils
ne sont pas les mêmes que ceux des prévenus; la
sentence une fois portée contre un individu, il faut
qu'il subisse sa peine; toutefois on doit prendre
garde de l'agraver par une sévérité que ne *prescrit*
pas la sentence; toute mesure, tout traitement qui
exposerait le moins du monde la vie ou la santé du
prisonnier est illégale; il a donc droit de s'attendre
à respirer un air pur, à avoir une nourriture suffisante, de bons vêtemens, et un lit pourvu du nécessaire (1).

« Une jurisprudence humaine et éclairée doit
» imiter l'auteur de toute compassion et de toute
» sagesse, elle ne doit pas se complaire à la mort
» du pécheur, mais elle doit désirer qu'il renonce
» à ses égaremens et qu'il vive. Elle doit punir pour
» prévenir le crime, et pour prévenir le crime, ré-

(1) Le prisonnier doit être substantiellement nourri, et
doit être sainement vêtu; il ne doit pas souffrir du froid,
de l'humidité; il doit être convenablement soigné en maladie.
Tout ce qui manque à ce bien-être est une violation faite aux
droits de l'homme détenu, qui ne doit subir que la peine de
la détention, mais dont l'existence doit être exactement soi-
gnée et préservée (*Rapport de la Société des prisons de la
France*, 1819).

former

» former le criminel. Voilà ce qu'une détention
» bien entendue peut opérer. Si le prisonnier est
» séparé de ses anciens complices, il cessera de
» penser comme eux, il aura le temps de se re-
» connaître et de se repentir ; la réclusion soumet
» les plus indomptables, et régénère souvent les
» plus corrompus. Mais il est nécessaire que le
» coupable soit dans la solitude pendant la nuit, et
» pendant une grande partie du jour ; et comme
» l'oisiveté est une source de vices, on doit veiller
» à ce qu'il soit constamment occupé, et l'encou-
» rager au travail en partageant libéralement avec
» lui les profits qu'il procure. On doit lui défendre
» l'usage des liqueurs fortes, dont l'abus conduit
» au crime qu'il accompagne presque toujours. Les
» prisonniers manquent souvent d'instruction élé-
» mentaire, il faut qu'ils en reçoivent ; mais c'est
» surtout l'instruction religieuse qui est nécessaire,
» car l'absence des sentimens qu'elle tend à déve-
» lopper est la grande source de tous les crimes. Il
» importe donc que des ministres de la religion
» consacrent journellement leur activité et leur
» zèle, non-seulement à des prières et à un culte
» rendu en commun, mais à des instructions par-
» ticulières ; leurs efforts ne seront sûrement pas
» sans fruit. M.ʳ Robinson de Leicester a déclaré
» que nulle part les soins de son ministère n'avaient
» eu des résultats plus marqués que dans les pri-
» sons ; et le comité des Dames de New-Gate a été

» témoin de plusieurs exemples de réformes opérées
» même chez les femmes les plus corrompues » (1).

Cependant, tandis qu'on dirige tous ses efforts
vers l'amélioration du sort du prisonnier, il ne faut
pas oublier qu'une prison doit être avant tout un
séjour de punition pour lui. C'est avec raison qu'on
a dit dans le rapport de la société de France : « Le
bien-être physique du prisonnier, doit donc être
exactement observé, sans néanmoins tomber dans
l'excès, quand les ressources de la prison le per-
mettraient. Le sentiment de charité et de bienfai-
sance envers les détenus condamnés doit être éclairé
par la réflexion. La détention est une punition dont
le condamné doit éprouver constamment l'effet ; il
doit, dans tous les momens de sa détention, en désirer la fin. La sensibilité exclusivement écoutée par
des administrateurs de prisons serait une erreur ;
la prison où le condamné serait assez bien pour ne
pas souhaiter toujours d'en sortir , serait par cela
même un désordre dans l'intérêt de la justice, dans
l'intérêt social. »

Maintenant j'essaierai d'examiner quelques-uns
des points qui me semblent mériter l'attention de
ceux qui administrent les prisons de la Suisse, et je
rangerai ces points sous les chefs suivants : la santé,
la classification, l'inspection, le travail, l'instruction,
la discipline, et les moyens d'amélioration.

(1). Buxton.

1.º Santé.

Nourriture. En considérant la nourriture sous le rapport de l'hygiène, elle m'a paru partout d'une assez bonne qualité. La ration est ordinairement d'une livre et demie de pain, et de plus ou moins de soupe ; dans quelques prisons on ajoute de la viande (1). J'en ai visité une où la ration de pain était de deux livres et demie, aussi les prisonniers en vendaient-ils pour acheter de la viande. Quand j'entrai, je les trouvai occupés à tuer un mouton qu'ils s'étaient procurés en partie par ce moyen, en partie par leur travail. Cependant, si telle est l'intention des administrateurs, ne serait-ce pas plus convenable que cela se fît d'une manière plus régulière ? ne doit-on pas craindre qu'il ne soit contraire à la sagesse et à la justice que ceux qui habitent les prisons jouissent d'un tel superflu, tandis que tant de gens au dehors manquent même du nécessaire ?

J'ai trouvé plusieurs prisons dont les chambres n'étaient pas aérées, faute de moyens de faire circuler l'air ; dans quelques autres on avait négligé de pratiquer aux portes les ouvertures nécessaires.

(1) M.ˣ Villarmée, dans l'ouvrage qui a pour titre : *Les prisons telles qu'elles sont et telles qu'elles devraient être,* dit à la page 47 : « Je pense que la ration de pain ordinaire » devrait être de 28 à 30 onces pour les hommes. » La Société de Médecine de Paris concluait dans un rapport, en 1791, que le pain devait être porté à deux livres pour chaque détenu.

Plusieurs des cachots où l'on confine les grands criminels, ou ceux qui refusent de faire des aveux, sont effrayans sous le rapport de la salubrité, et les prisonniers qui y demeureraient long-temps courraient au moins le risque d'y perdre leur santé. Il serait nécessaire de ne pas leur laisser l'emploi des moyens de ventilation, car le plus souvent ils n'en feraient pas usage, et en même temps il faut qu'ils aient la liberté de se soustraire au courant d'air en changeant de place.

Malpropreté. J'ai été plus d'une fois frappé de la malpropreté des prisons : les quartiers des grands criminels sont presque entièrement négligés sous ce rapport, et en général on met trop peu d'importance à changer la paille, à la renouveler tout-à-fait au départ du détenu, et à écurer les planchers. En Angleterre, dans les prisons bien administrées, on lave les planchers deux fois par semaine pendant l'été, et une fois par semaine pendant l'hiver ; c'est le seul moyen d'empêcher la multiplication de la vermine, dont les larves de quelques espèces s'engendrent dans la poussière.

Il m'est arrivé en sortant d'une prison d'être obligé de me dépouiller de mes habits, et de les exposer à l'air. Il serait bien à désirer que les chambres des détenus fussent toujours maintenues au degré d'ordre et de propreté, auquel on voudrait amener les chaumières dans lesquelles ces prisonniers seront appelés à vivre après leur élargissement.

Il importe de leur donner des *habitudes* de propreté, et l'on doit y mettre d'autant plus de soin
qu'ils n'y sont pas naturellement portés ; on les y
formera plus facilement pendant leur détention,
qu'on ne le ferait s'ils étaient en liberté (1). Le
blanchiment est une des choses qui contribue le
plus à la propreté des prisons, on peut le faire exé-
cuter à peu de frais par les prisonniers, et le renouveler ainsi deux fois l'année. On doit écarter des
chambres, des corridors et des cours, tout ce qui
les embarrasse, et empêche les soins journaliers de
propreté, comme aussi la volaille, les chiens, et
tous les animaux qui salissent.

Un des points les plus importans à la santé des

(1) Je ne parlerai point ici de l'effet que produit sur l'âme la
seule habitude de la propreté. Je ferai remarquer seulement
qu'en fait d'hygiène, ce que la médecine prescrit, la morale
le prescrit à son tour, et qu'en cela comme en tout, les préceptes de l'un sont aussi les préceptes de l'autre. Soit donc
que l'action tempérante des bains calme les désordres du système nerveux, assouplisse l'esprit comme elle assouplit le
corps, émousse les passions et modère les élans de la volonté ;
soit que le sentiment de bien-être que donne une propreté
habituelle, ouvrant les yeux sur ce que le vice a de dégoûtant, en inspire par degrés l'aversion, et prépare ainsi la
révolte de l'âme par celle des sens ; ce qu'on ne peut nier,
c'est que partout où l'homme a pris le goût de la propreté,
il paraît avoir mieux senti la dignité de sa propre nature, et
s'est montré plus docile au joug du devoir et de la raison
(*Rapport de la Société de Paris.*, p. 42).

prisonniers est *l'exercice* ; la construction de la plupart des prisons de la Suisse les en prive complétement : l'état des femmes m'a paru à cet égard encore plus triste que celui des hommes ; j'en ai vu qui étaient obligées de travailler 12 heures assises sans faire d'autre exercice que celui de passer de l'atelier dans leur chambre à coucher, de celle-ci dans l'atelier, et de traverser une cour deux fois le dimanche pour aller à l'Église et en revenir ; aussi ai-je été peu surpris de voir aux détenus de cette prison un air languissant et malade, et d'apprendre que l'année dernière il en était mort dans la proportion de quatorze sur cent.

Les infirmeries en général ne m'ont paru ni assez séparées du reste de la prison, ni suffisamment aérées. Un bon régime sanitaire serait cependant de la plus haute importance ; car outre que le genre de vie des prisonniers avant leur détention a souvent été malsain, ils sont de plus éprouvés par leur réclusion qui est pour eux un état contre nature ; sans qu'ils aient les ressources qu'ont les personnes en liberté ; ils ont donc besoin d'être constamment surveillés sous ce rapport, et d'avoir les secours habituels d'un médecin. Il y a cependant en Suisse moins de malades que l'on ne pourrait s'y attendre, en voyant l'état des prisons, et le peu de précautions qu'on prend pour conserver la santé des prisonniers, mais je n'ai pas de doute que l'on ne puisse encore en diminuer le nombre sans beaucoup de dépense et sans beaucoup de peine.

2.º Classification.

Je veux parler ici d'une *division du local de la prison*, qui permette la *séparation* des prisonniers, ou leur classification d'après la nature de leurs délits, d'après leur âge et d'après les moyens qu'ils auraient de se nuire les uns aux autres. On conçoit d'entrée combien les communications entre prisonniers peuvent être dangereuses, et l'on s'affermit bientôt dans cette opinion quand on se rappelle que la plupart de ceux qui habitent les prisons sont profondément versés dans tous les artifices et dans les pratiques du crime, et que tous sont avides d'apprendre ce qu'ils peuvent encore ignorer à cet égard. Cependant l'on n'a donné que fort peu d'attention à cet objet, et les prisons de la Suisse n'admettent presqu'aucune classification. J'ai rencontré dans l'une d'elles une jeune fille d'une figure intéressante, âgée de 19 ans, et condamnée à quatre mois de détention pour un vol ; elle faisait chambre commune avec les femmes les plus corrompues de la prison ; ce n'était pas sa première détention, et s'il est permis de présumer sur les circonstances, ce ne sera pas non plus la dernière. Vis-à-vis, et sans autre intervalle que celui d'un passage étroit, était renfermée une pauvre aliénée dont les cris vraiment angoissans frappaient sans relâche les oreilles des détenus.

On pourrait citer plusieurs exemples de prison-

niers, qui par leurs communications avec d'autres détenus, ont été portés à des crimes dont ils n'avaient
auparavant aucune idée. Tous au moins perdent
nécessairement la honte qu'ils avaient de leur propre crime en vivant avec des hommes plus corrompus qu'eux-mêmes.

L'état de la plupart des prisons ne laisse non plus
au prisonnier aucun moyen de se retirer à l'écart
pour se recueillir, et pour remplir les devoirs de la
dévotion. Cependant la suite de cet ouvrage fera
voir que les résultats de la solitude sont partout
également avantageux, et que plus la séparation des
prisonniers est complète, moins leurs passions seront excitées, moins ils recevront d'encouragement
à persévérer dans leurs désordres (1).

(1) Que chaque prisonnier ait donc pour demeure habituelle
une cellule isolée. S'il ne peut se défaire de ses vices, si les
heureux effets du travail, si les leçons de la morale et de la religion ne vont point jusques là, ces vices du moins seront
purement personnels ; ils ne seront point contagieux. D'un
autre côté, l'isolement rendra les complots plus rares, plus
difficiles, et peut-être impossibles. Ainsi réduit à lui-même,
le scélérat endurci n'aura plus d'occasion de célébrer ses
prouesses, de tirer de ses forfaits des sujets de gloire, et de
les proposer en exemple, à l'imitation des jeunes prisonniers.
Par cette mesure si simple, le jeu, non moins dangereux que
les liqueurs fortes, et malheureusement toléré comme le sont
ces liqueurs, le jeu sera banni de la prison (*Rapport des
prisons de la France*, p. 52).

3.º Inspection.

Par l'inspection des prisonniers, je veux parler de cette surveillance de tous les momens qui s'étend à leur conduite, à leurs discours, et pour ainsi dire, aux objets habituels de leur pensée; surveillance qui donne au concierge une connaissance intime de l'état moral du prisonnier, et lui permet d'empêcher qu'il ne se livre aux mouvemens des passions vicieuses auxquelles il est exposé à s'abandonner. On a reconnu qu'une surveillance pareille était le meilleur moyen de prévenir les évasions, et partout où elle a été exercée avec soin les fers sont aussitôt devenus inutiles (1). L'inspection doit s'exercer non-seule-

(1) L'inspection continuelle est le moyen d'admettre dans une prison plus d'aisance et de liberté, de prévenir les querelles, le tumulte et le bruit (ces sources amères de vexation), de protéger les prisonniers contre les caprices des geôliers et la brutalité de leurs compagnons, de les mettre à l'abri des négligences si fréquentes et si cruelles, en leur donnant un appel facile dans tous leurs besoins, un recours direct à l'autorité du chef. Le premier moyen de succès, c'est la surveillance. — Les délinquans sont une classe particulière d'hommes qui ont besoin d'une inspection continuelle. Leur faiblesse est de ne savoir pas résister aux séductions du moment : ce sont des esprits dérangés et infirmes, dont la maladie n'est pas aussi incurable ni aussi manifeste que celle des idiots et des lunatiques ; mais il faut comme ceux-ci, les tenir en tutelle : on ne saurait sans imprudence les confier à eux-mêmes (*Théorie des peines, ouvrage rédigé par Dumont,* vol. 1, p. 244 et 247).

ment sur tous les prisonniers, mais sur les employés subalternes de la prison. Cette précaution qui est surtout nécessaire quand les femmes ont des hommes pour concierges, l'est aussi dans tous les cas, puisque la fréquence de la compagnie du surveillant peut avoir sur le prisonnier la plus fâcheuse comme la plus utile influence. L'inspection doit s'exercer aussi sur les maîtres-ouvriers ou contre-maîtres, enfin autant que possible on doit organiser une surveillance facile et mutuelle des employés les uns à l'égard des autres et des prisonniers entr'eux. Il est presque inutile que j'ajoute qu'une surveillance de cette nature ne se trouve dans aucune des prisons de la Suisse ; une construction vicieuse la rend impossible dans la plupart ; dans d'autres, elle est presque entièrement négligée, et là où elle est possible, elle est toujours si difficile qu'elle ne permet aucune observation de détail (1).

(1) A l'égard des concierges, j'ajouterai deux remarques, tirées des observations de Mr Gurney et de Mme Fry, qui me paraissent des plus importantes : « Telle est la force de l'exemple, que si le concierge est calme, ferme, moral, il fera fleurir les mêmes habitudes parmi les prisonniers ; si à ces qualités, il sait unir la bonté et la douceur des manières, son influence en sera encore doublée : on ne peut calculer ce qu'une bonté constante chez le concierge et les employés subalternes peut produire de bien sur l'âme de leurs prisonniers. Elle domptera le caractère le plus sauvage, amollira le cœur le plus endurci, changera la pénitence en repentir,

4.º Travail.

Il est satisfaisant de voir qu'en Suisse un grand nombre de prisonniers sont occupés, cependant la nature des travaux de la plupart les rend peu profitables, soit à eux-mêmes, soit au gouvernement qui les occupe; ces malheureux sont ordinairement

les sentimens de haine en ceux d'affection et de reconnaissance, et produira même de véritables réformes. —

La seconde remarque a rapport aux femmes détenues. Dans les prisons où elles ont des communications fréquentes avec les employés subalternes, une telle société ne peut que leur être très-nuisible, en les exposant à succomber à la séduction; il serait donc important de les prémunir contre tout danger de ce genre en les plaçant sous la surveillance de domestiques de leur sexe : or aucune surveillance ne peut leur être plus utile que celle de femmes qui soient vertueuses.

« Je fus surpris, dit le capitaine Turnbull, de trouver une femme exerçant les fonctions de géôlier : ce fait ayant excité ma curiosité, je fus informé que son mari avait eu le même emploi avant elle. Au milieu des soins qu'il avait donnés à sa fille, attaquée de la fièvre jaune en 1793, il prit la même maladie, et en mourut, laissant aux prisonniers le regret d'avoir perdu un ami et un protecteur. En considération de ses services, sa veuve fut choisie pour lui succéder. Elle s'acquitte de tous ses devoirs avec autant d'attention que d'humanité » (*Extrait de Turnbull, traduit par Dumont*, p. 262).

J'ai vu avec plaisir dans une des principales prisons de la Suisse, que les femmes étaient placées sous la surveillance d'une personne de leur sexe.

F. C.

employés à balayer les rues ; il est même un canton
où l'on soumet à cette peine les femmes condamnées pour des crimes graves. Ce genre de travail
doit produire nécessairement des effets fâcheux à
mon avis ; c'est ce qui paraîtra évident si l'on exa-
mine le but qu'on se propose dans la détention du
prisonnier : ce but doit être, tout en le punis-
sant de son crime, de détruire en lui les passions
qui le lui ont fait commettre, de le conduire dans
les voies de la religion et de la morale, dans lesquelles il devra marcher dans la suite, de le mettre
en état de gagner honnêtement sa vie, et de laisser
oublier son crime, afin qu'à sa rentrée dans la société, il y trouve des encouragemens à bien vivre.
Or aucun de ces buts n'est atteint lorsque le prisonnier travaille dans les rues, et d'abord, soit que
ses dispositions le portent à la colère, à la convoi-
tise ou au vol, toutes ses passions sont excitées par
la vue des objets qu'il a sous les yeux ; ensuite
cette occupation accoutume à la paresse, à la
malpropreté, et n'apprend rien au prisonnier qui
puisse lui servir dans la suite ; sa présence rappelle sans cesse à ses concitoyens le crime qu'il a
commis ; il peut conserver des rapports journaliers
avec les anciens complices de ses désordres ; enfin
ce genre de travail a l'inconvénient d'être subor-
donné aux variations du temps, et aux besoins mo-
mentanés de la ville où habite le prisonnier (1). On

(1) Dans les travaux publics, l'infamie de la publicité tend

a essayé quelque part les travaux des champs, qui ont un avantage marqué sur ceux dont nous venons de parler, mais ils offrent beaucoup de difficultés, outre qu'ils ne sont pas permanens, et qu'ils facilitent des communications inconvenantes.

Il faudrait donc en donnant de l'ouvrage au prisonnier, se proposer avant tout son perfectionnement moral et subsidiairement les profits actuels qui en résultent. Comme il faut le mettre sur la voie de gagner honnêtement sa vie, on le placera dans un des ateliers de la prison : peu à peu l'on ranimera, l'on créera en lui des habitudes de travail, de régularité, d'assiduité, de silence (1), et on

plus à dépraver les individus que l'habitude du travail ne tend à les réformer. A Berne il y a deux classes de forçats, les uns employés à nettoyer les rues et à d'autres ouvrages publics ; les autres occupés dans l'intérieur d'une prison. Les derniers, après leur libération, retombent rarement sous les mains de la justice : les autres à peine élargis, signalent leur liberté par de nouveaux crimes. Cette différence s'expliquait à Berne par l'impudence que ceux-ci contractaient dans un service dont l'ignominie se renouvelait tous les jours. Il est probable qu'après la notoriété de cette flétrissure, personne dans le pays ne voulait avoir de communication avec eux, ni les employer (*Théorie des peines et des récompenses, ouvrage mis au jour par M.*^r *Dumont*, vol. 1, p. 211).

(1) Le silence est exigé entre les prisonniers dans les ateliers. Les conversations entre les détenus sont importantes à empêcher, à rendre au moins très-rares. De quoi peuvent-ils s'entretenir? de leur vie précédente ; il est à désirer de leur

l'encouragera en lui cédant une partie de son gain journalier, en se réservant l'autre pour l'époque de son élargissement. C'est ainsi qu'on éloignera de lui les tentations, les pratiques vicieuses, et qu'on obtiendra le perfectionnement désiré.

Pour prouver ce que j'avance, il me suffira d'en appeler aux détails qu'on a donnés dans la suite de ce livre sur la prison de Gand ; des hommes qui y étaient entrés paresseux, ignorans, sans moyens d'existence, l'ont quittée avec des habitudes d'industrie, avec la connaissance d'un métier, et avec assez d'argent pour s'établir dans la ville même, où l'existence honorable dont ils jouissent est une preuve vivante de la bonté de ce système. Il me semble qu'il ne serait pas difficile dans l'état actuel de la Suisse, d'introduire dans ses prisons la fabrication de quelqu'un des objets qu'on importe dans

en faire perdre la mémoire. Que de choses à dire sur ce point !

Si l'on ne considérait le prisonnier que comme travailleur, on pourrait dire que les conversations le distrairaient de son ouvrage et nuiraient à l'abondance, à la bonne qualité même des produits ; mais c'est sous un rapport plus moral que nous considérons le silence dans les prisons. C'est comme moyen d'ordre général ; c'est comme un moyen de recueillement pour le détenu ; c'est même comme conséquence de l'état de punition dans lequel il est.

Encore une fois, le prisonnier qui se conduit le mieux, doit toujours sentir qu'il est en prison, et que la prison est une peine du crime ou du délit qu'il a commis (*Rapport de la Société des prisons de la France*, page 34).

ce pays. C'est le tissage des toiles qui a eu jusqu'à ce moment le plus de succès dans les prisons d'Angleterre, surtout dans celle d'Ilchester. A New-Gate, on travaille aux ouvrages d'aiguille, au filage, au tricotage et au patchwork (1). Dans celle de Gand, on a établi une manufacture de toiles damassées.

Dans les prisons considérables où il y a beaucoup de prisonniers qui n'ont qu'une courte détention à subir, et dans celles où le service d'un moulin à blé peut être utilisé, on a inventé une machine de cette espèce qui est mise en mouvement par les prisonniers, sans qu'ils aient à y employer d'autre action que celle du poids de leur corps. Ces moulins dont les plans sont annexés aux divers plans de prisons que j'ai laissés en Suisse, peuvent moudre toute espèce de grains.

Que l'on ne s'imagine pas néanmoins que l'introduction du travail dans les prisons doive nécessairement occasionner une perte pour l'administration. Dans plusieurs au contraire, comme à Philadelphie, le travail des prisonniers indemnise en plein des frais de leur entretien. Dans la prison d'Auch, une de celles dont le local est des moins favorables, et où chaque détenu ne coûte pas au delà de 48 centimes

(1) Ce travail consiste à coudre ensemble des restes d'étoffes de différentes couleurs, pour faire des couvertures, des robes, etc.

par jour, il en revient 78 à l'administration sur le prix du travail de beaucoup de prisonniers. A Glascow, au Bridewell, qui en contient 200, la dépense totale pendant la première moitié de l'année 1818, tout salaire étant compris, ne dépassa pas la somme de 44 liv. 6 s. 10 d. Enfin j'ai obtenu un rapport détaillé du Préfet de police de Paris sur les résultats du travail introduit dans les six principales maisons de détention du département de la Seine ; je vais en tirer quelques faits principaux.

En 1819, le produit total des travaux s'est élevé à 236,573 francs.

D'après le mode de répartition adopté, les fournitures d'ateliers, les droits de contre-maître, et les excédens de tâche des ouvriers ont d'abord été prélevés sur la somme totale, et le restant a été ensuite partagé comme suit :

38 pour 100 au profit de l'administration, ont produit. . . . . fr. 69,641.

34 pour 100 mis en réserve pour les prisonniers. . . . . fr. 61,320.

28 pour 100 distribués en paie courante. fr. 57,314.

Dans les deux prisons de Bicètre et de Ste. Pélagie où l'on a accordé aux prisonniers la faculté de travailler au delà de leur tâche, la valeur de ce travail non exigé, et qui leur est payé en plein, s'est élevée à 42 pour 100 de la somme produite par le travail d'obligation, soit à 37,257 francs.

La valeur moyenne des journées de travail prise

sur

sur les quatre prisons dans lesquelles les ateliers étaient pleinement organisés dès 1818, s'élevait cette année-là à 5o centimes, tandis qu'en 1819 elle est montée à 8o.

En particulier la moyenne des journées de femmes s'est élevée en 1818 à 48 centimes, en 1819 à 61 centimes, et celle des journées d'hommes en 1818, à 55 centimes, en 1819, à 98 centimes.

Les métiers d'hommes qui ont occupé le plus de bras, sont ceux de boutonnier, de tailleur, de cordonnier, de bonnetier, de passementier, de cardier, de tresseur de paille, de peigneur de laine, de tisseur de schals, de chapelier, etc.

Les femmes ont surtout été occupées à la couture, à la broderie, au tissage des schals, aux tricots en laine, à l'épluchage du coton, mais ces deux dernières occupations sont peu productives.

On ne doit non plus s'attendre à ce que dans tous les cas le travail des prisonniers couvre la dépense qu'ils occasionnent, puisque les frais d'établissemens sont considérables, mais à l'aide de constructions appropriées, et avec une attention industrieuse à correspondre aux besoins du public, on peut espérer dans beaucoup de cas d'atteindre ce but. Dans le tableau précédent, l'augmentation du gain des prisonniers de l'année 1818 à 1819, fait voir qu'il ne faut pas d'entrée perdre courage, et qu'on peut tout attendre d'une administration vigilante.

C

5.º Instruction.

J'en viens maintenant à l'instruction. Le prisonnier devant être considéré comme un membre malade de la société civile, il est évident qu'il demande
plus de soins, plus de vigilance, que tout autre
membre qui est en santé. S'il n'est personne à qui
l'instruction ne soit nécessaire, à plus forte raison
l'est-elle au prisonnier. Les devoirs du Chapelain
d'une prison sont donc aussi importans que difficiles
à remplir (1). Ils ne consistent pas seulement dans
le service du dimanche, ils sont de tous les jours
et de tous les momens en quelque sorte, il faut
qu'il observe, qu'il instruise, qu'il exhorte ; aussi
doit-il, si les prisonniers sont nombreux, résider
dans la prison, et ne remplir ailleurs aucune fonc-

(1) Il semble contraire à toute raison que ses fonctions
se bornent, dans le plus grand nombre de prisons, à célébrer les saints mystères une ou deux fois la semaine, et à
l'assistance des malades. Est-ce là distribuer suffisamment les
consolations de la religion ? ne faut-il pas parler, instruire,
commander en son nom ? autrement les prisonniers ne la
voient que comme un simple objet de cérémonie, qui ne leur
fait aucune autre impression, et qui se trouve ainsi privé
de son influence la plus salutaire, en même temps que du
respect qui lui est dû.

Sous ce point de vue, la place d'aumônier n'est point une
fonction ecclésiastique ordinaire; elle demande toute l'ardeur
d'un missionnaire habitué à pénétrer le cœur humain, à
l'émouvoir (*Rapport de la Société de Paris*, p. 80).

tion. Quoiqu'il en soit, il est nécessaise qu'il acquière une connaissance exacte du caractère et des dispositions de chacun des prisonniers, afin de pouvoir en rendre compte aux administrateurs (1).

L'instruction m'a paru une des parties les plus négligées dans les prisons de la Suisse; la plupart, il est vrai, ont leurs chapelains, mais les fonctions de ceux-ci se bornent presque partout à des devoirs extérieurs; il a d'autres occupations qui l'empêchent de donner aux soins de la prison tout le temps qu'ils exigeraient.

Il serait à désirer que l'on plaçât les prisonniers sous l'inspection d'un maître d'école, dans les momens où le travail est suspendu, afin d'utiliser ainsi pour l'instruction un temps qui est perdu pour le travail; car il est de la plus haute importance de ne les laisser jamais oisifs : leur esprit ne cesse jamais d'agir, et si l'on n'a pas soin de l'occuper à quelque chose d'utile, il s'occupera bientôt de quelque chose de mauvais. Il est convenable de fournir

(1) L'assistance d'un bon prêtre est encore une condition nécessaire : la pratique du culte, les consolations de la religion, des prédications sages, des lectures morales, ne peuvent être que d'un effet très-salutaire pour les prisonniers, et occuper utilement les journées de dimanche, qui sont ordinairement un jour de désordre dans les prisons, même où le travail est établi. Mais il faut s'occuper de trouver des prêtres capables de sentir et de bien remplir cette utile et honorable tâche (*Rapport de la Société de Paris*, p. 37).

des livres aux prisonniers , mais comme le temps qu'ils peuvent donner à la lecture est très-court , il est nécessaire de se borner aux ouvrages religieux et moraux ; encore y a-t-il un choix à faire. Il existe en Angleterre plusieurs livres qui présentent les vérités de la religion sous la forme de biographies, et dont l'usage a paru spécialement utile aux prisonniers. Ce n'est pas sans plaisir que j'ai trouvé la Bible dans la plupart des prisons que j'ai visitées. Ce livre qui met les prisonniers en présence du Dieu qu'ils ont offensé bien plus qu'ils n'ont offensé les hommes ; ce livre qui leur montre un Sauveur dont le sang seul peut expier leurs péchés et obtenir leur pardon, qui leur révèle cet Esprit Saint qui seul peut convertir et purifier leur cœur ; ce livre, dis-je, est d'un usage indispensable dans l'instruction qu'on leur donne. Je crois devoir rappeler ici qu'une instruction morale qui ne reposeroit pas entièrement sur l'unique fondement de toute vraie morale , sur la foi en Jésus-Christ , qui serait privée de la sanction solennelle de l'Évangile, et des promesses si douces que ce livre nous apporte, serait d'une efficace à peu près nulle pour opérer un changement véritable dans le cœur des prisonniers. On peut bien en occupant les prisonniers leur apprendre des choses utiles , on peut même créer en eux des habitudes d'industrie, mais si l'on veut agir sur leur cœur , si l'on veut produire une régénération intime, on ne peut l'obtenir qu'en leur inculquant la doctrine de l'Évangile. Cette vérité est si importante, elle est tellement liée à toute tentative de réforme véritable dans les prisons, que je crois devoir l'appuyer du témoignage même du docteur Chalmers, l'un des plus grands ornemens du St. Ministère et de son pays.

Il s'adresse à ses paroissiens (1).

« Je dois vous parler ici d'une expérience que
» j'ai faite sans l'avoir prémédité, et qui se continue
» depuis plus de douze ans que j'habite au milieu
» de vous : pendant la plus grande partie de ce mi-
» nistère, j'employai mon temps et mes forces à
» montrer ce que la fraude a de bas, le mensonge de
» méprisable, la calomnie de perfide et d'odieux, j'ai
» attaqué successivement toutes ces difformités de
» caractère qui soulèvent d'elles-même l'indignation
» du cœur de l'homme, et qu'il regarde comme le
» plus grand fléau de la société; et je l'avoue, si par
» la chaleur de mes exhortations, j'eusse pu porter
» le voleur à respecter le bien d'autrui, le médisant,
» à réprimer sa langue, le menteur, à parler selon
» la vérité, j'eusse goûté le repos qui est le partage
» de celui qui a atteint son but. Je n'avais jamais en-
» core imaginé que toutes ces réformes auraient pu
» s'opérer, sans néanmoins, qu'aucune de ces âmes

____

(1) Il s'adresse au habitans de la paroisse de Kilmany, sur le devoir de s'adonner sans retard à une vie chrétienne (4.ᵉ édition , p. 47).

» eût cessé d'être complétemement éloignée de Dieu.
» Je n'avais point encore compris que, fussé-je
» parvenu à inspirer à celui qui dérobait une hor-
» reur pour ses crimes assez grande pour l'en dé-
» tourner à jamais, qu'en eussé-je fait même un
» homme plus droit, plus digne de confiance, il
» n'en aurait pas moins conservé un cœur tout aussi
» vide de l'amour de Dieu, qu'il l'était auparavant ;
» il aurait été aussi totalement dépourvu de ce qui
» fait l'essence de tout principe religieux.

» Mais voici le fait intéressant, c'est qu'aussi
» long-temps que je n'ai point cherché à combattre
» l'inimitié naturelle du cœur de l'homme contre
» son Dieu ; aussi long-temps que je suis resté
» dans l'ignorance du seul moyen qui peut la dé-
» truire, je veux dire, le salut librement offert
» par la grâce et humblement reçu par la foi ; —
» aussi long-temps que Jésus, Jésus crucifié pour
» faire notre paix avec Dieu, a été à peine nommé
» dans mes discours, ou n'y a reparu du moins que
» dépouillé de son caractère et de ses attributs ;
» aussi long-temps que j'ai prêché de la sorte,
» quelle que fût d'ailleurs la véhémence avec la-
» quelle j'insistais sur la nécessité de changer de
» vie, de revenir à la vérité, à l'intégrité, à l'hon-
» neur, en un mot, à toutes les vertus sociales,
» je ne crois pas avoir produit sur le cœur de mes
» paroissiens une impression plus forte que ne le
» fait en tombant la feuille légère. — Non jamais

» avant d'avoir bien senti combien le cœur est en-
» nemi de Dieu par ses désirs et ses affections ; ja-
» mais avant d'avoir fait de la réconciliation avec
» Dieu , l'objet fondamental et distinct de mes dis-
» cours et de mes travaux ; jamais avant de m'être
» conformé dans mes prédications à la manière dont
» la Sainte-Écriture propose aux hommes l'unique
» voie de la réconciliation et du salut ; jamais avant
» que je les eusse pressés d'accepter l'offre libre et
» gratuite du pardon de leurs péchés par le sang
» du Christ , et qu'en même temps je leur eusse
» présenté comme l'objet constant de leurs désirs
» et de leurs prières cet Esprit Saint que le Père
» accorde par la médiation de Christ à tous ceux
» qui le lui demandent ; jamais en un mot , avant
» que les regards de mon troupeau eussent été diri-
» gés vers ces grands intérêts d'une âme qui rentre
» en elle-même et qui pense à l'éternité ; jamais
» jusque là je n'entendis parler même de ces ré-
» formes extérieures que j'avais recherchées avec le
» zèle le plus sincère sans doute, mais dont j'avais
» fait, je le dis avec douleur, le but unique de mes
» efforts et de mes travaux. »

Le Dimanche est un jour qui semble s'offrir de lui-même pour l'instruction religieuse. Ce premier jour de la semaine qui a été spécialement consacré aux devoirs de la religion, et non point à l'oisiveté et à ces plaisirs qu'on regarde comme les priviléges du Dimanche , doit être employé à inculquer aux prisonniers des leçons de religion et de morale. Ces leçons doivent encore trouver leur place dans la distribution des travaux ; il restera toujours assez de temps pour l'instruction sans rien retrancher de celui qu'on destine aux travaux suivis.

Il nous serait impossible aussi de ne pas recommander comme un puissant moyen d'instruction pour les femmes détenues, la fondation d'un comité de Dames organisé sur le plan de celui de New-Gate. Le devoir des Dames qui le composent est de répandre dans les prisons le goût de ce qui est bon, d'encourager, d'aider les prisonnières, de lire avec elles, d'essayer de les retirer de l'état d'avilissement où elles sont plongées, et de les mettre en état de rentrer avec honneur dans la société. La douceur et la sympathie, cette « débonnaireté qui héritera de la terre, » sont les grands élémens de leur pouvoir. Ce sont les femmes qui savent le mieux user de ces dons, et il est rare qu'elles n'obtiennent pas par leur moyen les plus heureux résultats. Je n'ignore pas qu'on a élevé différentes objections contre la fondation d'un comité de ce genre; qu'on allègue entr'autres la difficulté de trouver un nombre suffisant de Dames pour en remplir les fonctions, et la perte de temps qui en résulterait pour chacune d'elles. Quant à la première objection, je répondrai que j'ai trouvé dans plusieurs villes de la Suisse, plusieurs Dames toutes prêtes à se charger de cette belle tâche, et qui n'attendaient pour s'organiser en comité , que l'autorisation du gouvernement et quelques directions de détail. Ensuite je suis persuadé qu'on s'est beaucoup exagéré le temps que demanderaient des fonctions de ce genre: car , dans une prison considérable , la surveillance habituelle des prisonnières doit être confiée à une gouvernante choisie hors de la prison, et qui vient y habiter , et dans les prisons moins étendues on peut employer quoiqu'avec moins d'avantage, et sous une inspection plus spéciale, celle des prisonnières qui montre les meilleures dispositions.

Enfin je pense ne pouvoir mieux résoudre toutes les objections qu'on a faites à ce sujet, qu'en signalant ici la fondation d'un comité de Dames qui vient de se former il y a quelque temps dans cette ville. J'ai lieu de croire que les détails que je vais donner sur les principes , les procédés, les travaux des personnes qui le dirigent, sur les succès qu'elles ont obtenus , sur ceux qu'elles peuvent espérer encore, j'ai lieu , dis-je , de croire que ces détails ne seront pas indignes d'attirer l'attention de mes lecteurs, et qu'ils suffiront pour démontrer et la possibilité d'une pareille institution et les immenses avantages qu'on a le droit d'en attendre.

Je suis particulièrement redevable des détails qui vont suivre, au chapelain des prisons, M.ʳ HENRY, homme plein de zèle et d'activité , qui consacre à cette œuvre, tout le temps que lui laissent ses nombreuses occupations ; et à une Dame , membre de ce Comité, dont le dévouement et les vertus rendent le nom cher à ceux qui la connaissent, et sont un exemple à suivre pour les amis de l'humanité.

Peut-être s'étonnera-t-on de l'étendue que j'ai donnée à cette relation, mais l'institution m'a paru si importante par elle-même et en même temps si honorable pour cette ville, que je n'ai rien omis de ce qui pouvait la faire connaître à mes lecteurs.

Avant tout je ne dois pas oublier de faire mention des premiers soins qui furent donnés aux prisonniers et qui datent de dix-sept ou dix-huit ans, à peu près. A cette époque, deux Dames pleines de charité et de zèle, vraiment touchées de l'état d'abandon et de misère où étaient les prisonnières, résolurent de faire un effort en leur faveur, et de consacrer une partie de leur temps à apporter quelques soulagemens à leurs maux.

Ces Dames s'occupèrent à faire faire du linge en quantité suffisante pour le donner aux prisonniers et pour introduire parmi eux des habitudes de propreté. Elles donnèrent de l'ouvrage aux femmes, elles soignèrent les malades avec un zèle et un dévouement rares, ne se laissèrent décourager par aucune des circonstances qui eussent rebuté des personnes moins charitables, et bravèrent en particulier les dangers d'une maladie contagieuse qui s'était manifestée parmi les prisonniers.

Ces soins avaient été continués jusqu'en février 1819, lorsque quelques Dames ayant été informées qu'il y avait aux prisons deux pauvres jeunes filles de 11 et de 15 ans, livrées à la plus affreuse corruption, entreprirent avec l'agrément du chapelain et du Conseiller d'Etat, de les retirer du vice et de les rendre à la société. Les autres femmes qui furent témoins des soins dont elles furent les objets pendant les deux mois que dura leur détention, demandèrent avec instance à ces Dames de vouloir bien continuer pour elles-mêmes les lectures et les prières qu'elles avaient commencées pour les plus jeunes.

Encouragées par ce premier succès, et cédant aux vœux du directeur de la prison et de l'une des personnes dont nous avons parlé, attendant tout d'ailleurs du secours d'en haut, ces Dames, dis-je, cherchèrent des aides et ne tardèrent pas à en trouver. Il s'agissait de former une association plus complète, mieux organisée et plus régulière que celle qui avait existé jusqu'alors. Dès que les membres en furent choisis et qu'ils se furent distribués leurs fonctions, de manière à ce que les femmes eussent une visite chaque jour, elles mirent sur-le-champ la main à l'œuvre. Voici la méthode qu'elles adoptèrent alors, et qu'elles ont suivie jusqu'ici, avec les modifications qu'ont exigé les circonstances.

On a d'abord des conversations particulières avec l'une ou l'autre des prisonnières; dans ces entretiens on leur témoigne tout l'intérêt qu'inspire leur situation , on s'efforce de les faire réfléchir sur l'état de leur âme , sur les suites funestes des passions ; on cherge à leur faire regarder leur détention comme une marque de la bonté de Dieu , qui châtie, parce qu'il aime, et qu'il veut la conversion de ses enfans. La douceur, la compassion sont les seuls moyens que l'on emploie pour toucher leur cœur , pour gagner leur confiance, pour en obtenir l'aveu sincère de leurs défauts et de leurs vices , et non point pour en arracher l'aveu de la faute ou du crime qu'ils ont commis ; cette confession n'est jamais reçue par les Dames, elle n'est faite qu'au chapelain à décharge de conscience ; il y aurait d'ailleurs du danger à ce qu'ils fissent à tout moment l'histoire de leurs désordres. On cherche bien plus à leur faire aimer la vertu qu'à les épouvanter sur le vice; on leur parle bien plus de la miséricorde et de l'amour de Dieu que de sa colère et de ses châti-mens.

Comme il est impossible qu'entre ces femmes aigries par le malheur, il ne s'élève pas de fréquentes disputes, on profite des conversations particulières pour les porter au support, au pardon des injures, on les invite à ne pas avoir des sentimens de jalousie les unes contre les autres , l'on s'efforce de former ces pauvres malheureuses à l'humilité , à la charité, à l'amour de leur Dieu, de les convaincre de leur état de misère et de leur incapacité pour faire le bien ; puis quand on croit avoir fait sur elles quelque impression salutaire, on les adresse à celui qui « justifie le méchant » , qui peut seul donner la volonté et le pouvoir de bien faire, à cet Esprit Saint qui seul peut régénérer les cœurs.

Lorsque l'une des Dames a parlé à part aux diverses prisonnières, elle les rassemble toutes dans une de leurs chambres, elle leur lit un chapitre de la Bible et du Nouveau-Testament, et en tire ensuite des réflexions simples et analogues à leur position ; cette lecture est précédée ou suivie d'une prière générale faite à genoux et inspirée par le moment. Si quelque femme s'est rendue coupable d'une grande faute ou résiste aux émotions de la piété qu'on veut exciter en elle, on prie pour elle , et on les intéresse toutes ainsi au bonheur et au salut les unes des autres.

Si quelque dispute a troublé la paix, et que les dispositions des femmes ne soient pas satisfaisantes, on ne fait ni prière ni lecture , et cette mesure a été pour quelques-unes d'entr'elles un moyen de punition assez efficace. Les prisonnières ne sont nullement forcées d'assister à cet acte religieux ; on se contente de les y inviter, et ordinairement toutes y assistent ; si quelqu'une s'y refuse , c'est qu'elle nourrit quelque sentiment de haine contre une de ses compagnes d'infortune , ou parce qu'elle est dans un de ces momens de révolte contre les hommes et contre Dieu, qui la rendrait incapable de prier de cœur et avec fruit. On leur laisse l'usage du Nouveau-Testament, ainsi que de la nourriture de l'âme d'Ostervald, et de l'ouvrage de Doddridge, sur les commencemens et les progrès de la vraie piété ; on lit aussi de temps en temps quelques chapitres choisis de l'Imitation de Jésus-Christ.

Une des Dames qui s'occupent de la prison a eu assez de persévérance et de zèle pour y venir tous les jours pendant l'hiver de 1819 à 1820, donner une leçon de religion à une jeune fille de 14 ans qui était condamnée à une année de détention ; ses soins ont pleinement réussi, cette jeune fille a été placée au mois d'avril de cette année dans une maison respectable, et donne les meilleures espérances. Tant de dévouement ont excité l'intérêt et la reconnaissance des prisonnières, qui voulant suivre, autant qu'il était en elles, le bel exemple qu'elles avaient devant les yeux, ont contribué de leur mieux au développement de la jeune fille. Celle-ci ne savait rien en entrant dans la prison, et en sortant elle savait lire, écrire, coudre, tricoter, et n'était pas étrangère à des sentimens religieux.

Cependant l'instruction religieuse, les exercices de piété, les exhortations, en un mot toutes les impressions qu'on cherche à produire sur leurs cœurs, seraient inutiles, si le reste du jour elles étaient abandonnées à l'oisiveté. C'est dans cette ferme conviction que les Dames cherchent à donner de l'ouvrage à chacune selon son état, sa capacité et ses forces. Peu à peu le travail éloigne d'elles les habitudes vicieuses, ramène le calme dans leurs cœurs, tandis que les profits qu'il leur procure rend leur situation plus douce, et leur procure des ressources pour l'avenir.

Telle est la méthode qui a été suivie jusqu'ici par le comité des Dames à Genève. Maintenant, si l'on considère la profonde corruption dans laquelle les malheureuses sont plongées pour la plupart, si l'on pense qu'elles sont entrées dans la prison presque sans principes religieux, qu'elles sont flétries par un jugement public, qu'elles ont perdu l'estime des hommes, en un mot, qu'elles sont mortes pour la société; si l'on se rappelle ensuite combien il est difficile au plus religieux même des hommes, d'étouffer une passion dominante, de réformer une habitude qui a pris racine dans le cœur, on comprendra qu'on ne doit pas attendre de ces femmes un changement soudain et complet ni de cœur ni de conduite. Néanmoins les succès qu'on a obtenus dans un si court espace de temps, sont bien au-dessus de ce qu'on aurait osé espérer.

Il y a deux classes de prisonnières : on peut ranger dans la première toutes celles qu'on renferme pour cause de vagabondage, ou de désordres de mœurs, ou de petits délits, et qui ne font qu'un court séjour dans la prison : celles-là on ne les néglige point; on profite du peu de temps qu'elles sont détenues pour les faire réfléchir sur leur état, pour leur chercher des protecteurs et pour les arracher à de nouveaux désordres. C'est ainsi que de quatre jeunes filles livrées au libertinage, trois ont été placées à l'asile des repenties, une quatrième est entrée dans une maison particulière, et toutes donnent de grandes espérances d'amendement.

L'autre classe de prisonnières se compose de celles que leurs crimes ou de graves délits ont fait condamner à 1, 2, 3, 4 et 5 années de détention et au delà: en moyenne elles sont au nombre de *neuf*, et c'est sur elles que se dirigent plus particulièrement les soins vigilans du comité.

Or un des premiers effets de ces soins est d'avoir mis fin aux désordres et aux scandales qui se commettaient par fois dans l'intérieur de la prison, malgré la plus exacte surveillance.

Un second est d'avoir fait cesser un état presque continuel de guerre qui existait entre ces femmes, dont les passions violentes ne trouvaient que trop d'aliment dans l'oisiveté et le mauvais exemple. A présent les disputes y sont rares, des réconciliations s'y opèrent fréquemment, et les haines cèdent à des sentimens de charité et à des témoignages d'intérêt.

Enfin un troisième effet a été de répandre parmi elles des connaissances religieuses et des sentimens de piété auxquelles elles étaient totalement ou presque totalement étrangères. Il en est qui commencent à sentir qu'elles ont de grandes fautes à expier et leur salut à faire : au moins aperçoit-on chez toutes un désir assez marqué de revenir au bien. Maintenant qu'on leur a appris que c'est c'est l'Éternel qui châtie, parce qu'il aime ; on voit beaucoup moins de ce chagrin profond qui les dévorait, on entend beaucoup moins de blasphèmes, de paroles impies, de murmures ; elles perdent ce sentiment d'aigreur contre la société dont elles se croyaient les ennemies naturelles, et les victimes. On voit même des prisonnières qui bénissent Dieu de les avoir châtiées pour les arracher ainsi de force à des vices auxquelles elles n'eussent jamais pu s'arracher elles-mêmes. L'une d'elles qui a déjà passé cinq années dans la prison, envisage sans effroi les cinq années qu'elle y doit passer encore. Une autre qui est dans la fleur de l'âge et dont la vie n'a été qu'une suite de débauches, et de vols, s'est déclarée à l'époque de sa sortie coupable d'un vol pour lequel elle était condamnée par contumace, et cela afin d'y rester six mois de plus. Tremblant même à l'idée de rentrer dans la société avant d'être meilleure, elle a consenti à se laisser enfermer pendant trois ans dans *l'asile des repenties ;* maison qui est dirigée avec une sagesse admirable, et où l'on sait unir avec beaucoup de douceur et de bonté, pour celles qui l'habitent, la sévérité de la discipline et toutes les lois d'une véritable réclusion. Une autre dont les sentimens de piété étaient vraiment dignes d'éloges, a demandé, en sortant de prison, que l'on plaçât auprès d'elle une jeune fille d'un caractère difficile, et de mœurs corrompues, qui sortait en même temps qu'elle : elle voulait

D

en lui apprenant son état et en veillant à ses mœurs, l'arracher à l'oisiveté et au libertinage qui avaient amené sa détention. Une autre enfin, mécontente de l'état de son âme, et voyant qu'elle ne faisait que s'aigrir au milieu de ses compagnes d'infortune, a demandé d'être mise pendant quinze jours au cachot, malgré l'effroi qu'un pareil lieu inspire toujours aux prisonniers.

C'est ainsi qu'en témoignant de l'intérêt, de l'affection à ces malheureuses, en se les attachant par la reconnaissance, en les accoutumant à vivre en paix, mais surtout, en les formant au joug du maître doux et débonnaire, qu'on les prépare peu à peu à rentrer dans la société.

De semblables faits suffiraient seuls pour démontrer l'avantage de cette institution, mais ce qui la fera mieux apprécier, c'est la conduite des femmes depuis leur élargissement.

De six prisonnières mises en liberté depuis huit mois environ, une seule est retombée dans le désordre : c'était une femme qui comptait trente années de débordemens de tout genre. Des cinq autres, l'une est domestique dans une famille honnête, où l'on est content de ses services, deux sont à l'asile des repenties, où elles se conduisent avec sagesse ; on n'apprend que de bonnes choses de la quatrième qui demeure avec ses parens ; et la cinquième qui a voulu prendre chez elle une de ses

compagnes de détention , est établie dans un vil-
lage voisin , où elle gagne honnêtement sa vie.

Le comité tient un registre exact de la conduite
et de la moralité des prisonnières ; il a encore un
autre livre dans lequel chacun de ses membres ins-
crit les remarques qu'il vient de faire , ~~avec le chapitre de la Bible qu'il a lu.~~ De cette manière on peut
consulter chaque jour les observations qui ont été
faites la veille.

Toutes les trois semaines , ces Dames s'assemblent
en comité : là chacune d'elles dit ce qu'elle pense
de l'état des prisonnières , rend compte de la manière dont elle s'y prend pour toucher celle-ci ;
pour consoler celle-là , et demande aux autres les
directions dont elle a besoin pour travailler avec
succès.

D'aussi heureux résultats ont donné l'idée d'essayer quelque chose de semblable pour les hommes,
et quoique l'entreprise présente beaucoup plus de
difficultés , on n'est pas sans espérance de réussir (1).

(1) Je ne puis terminer ce rapport sans rendre un témoignage public au zèle et au dévouement *du concierge* de cette
prison , qui est bien doué des qualités nécessaires pour remplir dignement le poste qu'il occupe, qui connaît le moyen
de faire le bonheur réel des prisonniers confiés à ses soins ,
et qui ne perd aucune occasion d'y travailler de tout son
pouvoir.

Je dois parler aussi de l'institution d'un *Comité de secours*
pour les prisonniers qui viennent d'être élargis. Il a pour but
de rendre ces malheureux à leurs familles et à leurs amis ,

6.º DISCIPLINE.

Quant à la *discipline* et aux *moyens de correction* à employer pour les délits commis dans l'intérieur des prisons, celles de la Suisse ont un besoin urgent d'un système d'organisation dans lequel les prisonniers puissent se trouver punis par la privation momentanée du travail, « l'unique ressource contre l'ennui (1). » Dans quelques-unes on bat de verges soit les femmes soit les hommes qui ne se soumettent pas à l'ordre, dans d'autres on se borne à les renfermer séparément : punition qui serait suffisante, si elle était vraiment une réclusion solitaire, et que le prisonnier fût privé de toute conversation et de

de leur procurer de l'ouvrage, et de les mettre autant que possible à l'abri de nouvelles tentations. Il est composé du chapelain et de quelques autres membres, sous la présidence d'un Conseiller d'Etat.

Nota. Je viens d'apprendre qu'il vient de se former en Russie, *à St. Pétersbourg*, *un semblable Comité de Dames ;* ce Comité a déjà obtenu des résultats intéressans, qui font beaucoup espérer pour l'avenir.

(1) L'inaction est pour eux un véritable tourment dans lequel des projets de désordre, des imprécations contre l'autorité, l'exaltation et la communication de toutes les idées de corruption, les rendent chaque jour plus vicieux, plus dangereux pour la société, qu'ils ne l'étaient quand ils ont été arrêtés. Le travail est un remède indispensable ; il est un des principaux moyens de changer leurs anciennes habitudes, en régularisant l'emploi de leur temps (*Rapport des prisons de la France*, p. 69).

toute distraction quelconque (1). On verra plus loin,
dans l'ouvrage de M.ᵣ BUXTON, p. 8, 16, 52 des
observations importantes sur ce sujet.

On a posé en principes généraux pour la bonne
discipline des prisons, que tout arbitraire doit en
être banni, et qu'on doit exercer la justice la plus
exacte envers les prisonniers, envers les mauvais
comme envers les bons, envers les détenus comme
envers l'homme libre (2). Ici, je ne puis m'empêcher
de placer un mot sur un objet important, qui se
rattache moins à la discipline des prisons qu'à la
législation criminelle. Tous les moyens employés
pour arracher au détenu l'aveu de son crime me
paraissent d'inutiles tortures. Les juges ne les emploient que lorsqu'ils ont acquis assez de preuves
pour condamner le prisonnier; c'est en dernier res-
sort la force musculaire qui décide si la sentence
sera ou ne sera pas exécutée : l'innocence pourra
donc succomber, et le crime rester impuni.

La torture proprement dite, est généralement
abolie en Suisse, et nous espérons qu'elle va l'être

____

(1) L'homme condamné au *solitary confinement*, est dans une
espèce de cellule de huit pieds sur six, et de neuf d'éléva-
tion. Cette cellule, toujours au premier ou au second étage
d'un bâtiment voûté et isolé du reste de la prison, est échauffée
par un poêle placé dans le corridor qui la précède (*Duc de
Liancourt sur les prisons de Philadelphie*, p. 9).

(2) Voyez *Rapport au Conseil général des prisons de
France*, mai 1819.

totalement. Mais les cachots obscurs et presque
sans air, les fers d'un poids excessif, les entraves
qui tiennent les jambes et les bras du prisonnier
dans une attitude pénible, entraves qu'ils retrouvent
jusques dans leur couche, tous ces moyens encore
en usage pour obtenir l'aveu du détenu ne rappel-
lent-ils pas les siècles de barbarie, et ne sont-ils
pas indignes d'un peuple aussi éclairé et aussi humain que le peuple suisse ?

7.° MOYENS D'AMÉLIORATION.

Je n'ignore point toutes les difficultés qu'il y aura
à surmonter pour opérer une réforme satisfaisante
dans les prisons de ce pays.

La plupart des bâtimens qui y sont destinés ont été
construits dans de toutes autres vues, et ceux-
même qui ont d'abord cette destination ne corres-
pondent pas aux besoins d'une bonne prison. La
plupart étaient ou des monastères, ou des châteaux-
forts, ou en général des édifices qui n'ont rien de
ce qui est nécessaire pour introduire un bon système *d'inspection*, de *classification* et de *travail*,
objets de si haute importance pour arriver à la réforme des prisonniers.

C'est donc en vain que l'on entreprendrait de
changer la distribution intérieure de plusieurs de ces
bâtimens. On sera obligé dans plusieurs Cantons de
les reconstruire à neuf. Toutefois les avantages d'une
bonne prison sont d'une telle importance qu'on ne

peut regarder comme de l'argent mal employé celui qu'on consacrera à se les procurer. Déjà les Cantons de Berne et de Vaud se sont décidés à cette dépense, et dans ce dernier on n'attend plus pour commencer le travail que l'adoption définitive des plans. Le zèle et les connaissances des personnes qui dirigent cette entreprise ne permettent pas de douter qu'il ne soit un des monumens les plus honorables pour la Suisse : le plan qui a été proposé , réunit du moins tous les avantages demandés : classification, inspection , travail , etc.

Genève se dispose à suivre un si bon exemple. Les prisons de cette ville qui étaient dans l'origine la résidence de l'Evêque , sont très-peu propres à recevoir des prisonniers : elles sont situées dans le centre de la ville , et bâties sur un plan trop rétréci , pour admettre jamais ni travail ni classification , outre qu'un pareil séjour ne peut qu'être préjudiciable à la santé de ceux qui l'habitent ; il serait donc à souhaiter qu'une maison de correction fût bâtie hors de la ville , tandis que la prison actuelle serait exclusivement réservée aux prévenus (1).

On ne peut se dissimuler qu'il est difficile d'obtenir des moyens d'inspection et de classification, en conservant tous les autres avantages qui doivent se rencontrer dans une bonne prison, tels que le travail , l'instruction , l'exercice en plein air , le soin

(1) Voyez Observations de M.r Dumont.

des malades , etc. Aussi a-t-on présenté successivement au public , des plans variés. HOWARD, BEN-
THAM et plusieurs autres , entrés comme eux dans
cette carrière , n'ont pas travaillé en vain , mais
quoique leurs plans aient mis sur la voie , il a été
fait depuis d'importans perfectionnemens.

On a fondé à Londres , il y a quelques années ,
une société dont le but est de concourir à l'amélioration du régime des prisons , en publiant les
renseignemens qu'elle se procure , suggérant des
règlemens utiles , fournissant des plans pour l'exécution des nouvelles prisons ou pour l'amélioration
des anciennes. Le plan de construction auquel cette
société s'est arrêtée , est le résultat de tant de travaux , de talens, de recherches , d'expériences ,
qu'il concilie toutes les conditions demandées d'une
prison parfaite , ou , tout au moins , ne laisse que
fort peu à désirer.

C'est un bâtiment dont les corps de logis rayon-
nent autour d'un centre commun ; ce centre est
occupé dans ses divers étages par l'appartement du
concierge, par les offices communs à toute la prison
et par la chapelle. De son appartement, le concierge peut inspecter les différentes cours , les ateliers , les chambres de récréation , et se transporter
en un instant dans l'une quelconque des parties de
la prison. Les corps de logis , disposés en rayons ,
sont partagés dans leur longueur par un mur mi-
toyen, ils ont deux façades égales et offrent deux

divisions dont chacune peut contenir une classe particulière de prisonniers.

L'espace compris entre deux corps de logis en rayons est partagé par un mur qui part du centre pour aller à la circonférence, et offre à chaque division de prisonniers une cour fermée mais non couverte, et bien aérée. La circonférence du cercle ou du polygone est formée dans chacun des bâtimens en rayons par une grille de fer qui, tout en renfermant chaque cour, y facilite l'accès à l'air. Enfin toutes ces constructions sont renfermées dans une enceinte extérieure, composée de hautes murailles, qui en cachent la vue et en complètent la sûreté. Ce plan pourrait s'appliquer à la prison la moins peuplée comme à celle qui le serait le plus, car on peut ne pas construire tous les bâtimens en rayon et ne donner d'entrée que peu de longueur à chacun. Rien n'empêcherait que comme on l'a fait à Ilchester on n'exécutât d'abord qu'une partie du plan, et qu'on n'employât les prisonniers eux-mêmes, avec beaucoup d'avantage pour eux, aussi-bien que d'économie pour l'administration, à construire les nouveaux rayons devenus nécessaires, ou à prolonger les rayons existans (1).

(1) *Rapport de la maison de détention appellée Bicêtre à Rouen*, p. 37. Cette maison a employé les détenus eux-mêmes à toutes les réparations de maçonnerie, plâtrerie, charpente; à faire les couchettes et autres travaux qui, outre l'économie qu'ils procurent, sont bien plus favorables à la santé que la tisse-

L'étendue d'un établissement pareil, comparée avec le petit nombre des prisonniers de quelques-uns des Cantons de la Suisse, les empêchera peut-être d'adopter ce plan de réforme : dans ce cas, il serait fort à désirer que plusieurs Cantons se réunissent pour une semblable entreprise. On avait déjà proposé cette mesure, il y a quelques années, dans un moment où l'on était frappé des graves inconvéniens qui résultaient pour les Cantons voisins, du bannissement, mode de punition en usage dans les petits Cantons ; mais l'exécution en fut interrompue par l'offre que fit un entrepreneur allemand de se charger pour un prix fixe de la garde et de l'entretien des prisonniers qu'on lui remettrait. A la mort de cet entrepreneur on en revint à l'ancien système.

L'ensemble des moyens nécessaires à l'administration d'une prison coûte à peine davantage dans une grande que dans une moins étendue, et le travail est plus productif ; il serait donc fort utile qu'il se formât des associations ; surtout entre les Cantons qui parlent une même langue, un petit nombre de maisons de détention suffirait pour tous les criminels de la Suisse. La plupart des prisonniers seraient

randerie. J'ai souvent pensé que pour construire une prison neuve, il suffirait de faire d'abord bâtir par des ouvriers libres la clôture extérieure, et de la mettre à l'abri de l'escalade ; le reste pourrait être fait par des prisonniers barraqués dans l'enceinte.

par-là transportés loin de leurs anciennes relations,
ce qui ajouterait à leur peine , mais aussi à l'efficace
des moyens de correction , et ils apprendraient tout
ce qui leur est nécessaire pour devenir des membres
utiles à la société. L'importance de ce plan m'a surtout frappé quand j'ai connu les circonstances dans
lesquelles les Canton de Vaud, de Genève et de Neu-
châtel étaient placés. En effet les deux premiers sont
à la veille de construire de nouvelles prisons , et le
dernier , qui n'en a point pour les criminels condamnés , en a une pour les autres détenus , qui , à
tous égards, est aussi peu convenable que possible.

C'est avec une entière confiance dans l'humanité
et dans le patriotisme du peuple suisse , que je lui
soumets ces vues. J'ai la conviction que si la suite
de cet ouvrage lui démontre l'importance et la nécessité du système de prison perfectionné , il ne
demeurera pas froid et indifférent sur les améliorations proposées. La Suisse est un pays où le vice
est trop détesté , où l'on met trop d'importance à
la morale publique , pour que l'on y néglige un
moyen de réprimer l'un et de contribuer aux progrès
de l'autre.

Si ces pages contribuent en quelque manière à
améliorer le sort des prisonniers ou à empêcher les
progrès du vice, le but de mon travail sera pleinement rempli.

A Paris, l'on a fondé une institution appelée *Société Royale pour l'amélioration des prisons*, sous la protection de S. A. R. Mgr. le Duc d'Angoulême. Cette société a de grandes vues, et le zèle, aussi bien que les talens de ses membres, justifie l'espérance, quelle atteindra un jour le but qu'elle s'est proposé. J'ai extrait abondamment de ses rapports tout ce qui m'a paru marqué au coin de la sagesse et de l'intelligence.

A Londres, une autre institution du même genre qui travaillait dans le silence depuis quelques années, et qui s'est procuré des renseignemens précieux sur tout ce qui a rapport aux prisons, vient de prendre un caractère plus décidé : il y a quelque mois qu'elle a tenu sa première réunion sous la présidence de son Altesse Royale le Duc de Glocester. Cette dernière société m'a autorisé à ajouter que si les administrateurs de quelqu'une des prisons désiraient, soit des plans, soit des conseils ou des règlemens, le Comité leur enverra toute espèce de renseignemens sans frais, et ils pourront s'adresser directement au Vice-Président, Samuel HOARE, Esq. 62, *Lombard Street, London* (1).

---

(1) Je puis aussi adresser les personnes que ce sujet intéresserait, à M.ʳ PICHARD, Ingénieur du Canton de Vaud, à Lausanne, qui est fort en état et en disposition de donner des informations suffisantes sur les meilleurs plans de prisons. J'ai eu lieu d'éprouver moi-même son obligeance et sa bonté, et je ne me permets de renvoyer à lui ceux qui seraient dans le cas d'en avoir besoin, qu'après avoir obtenu son agrément sur ce point.

Postscriptum. Depuis que j'ai visité les prisons de la Suisse, j'ai eu l'occasion de voir deux des principales maisons de détention des Etats du Roi de Sardaigne, l'une à Chambéry, l'autre à Turin.

M.ʳ l'avocat Roggieri, qui préside par interim au bureau de l'Avocat-Fiscal-Général, m'a fait l'honneur de m'accompagner dans cette dernière, c'est à son obligeance et aux renseignemens qu'il a eu la bonté de me donner que je dois une grande partie de l'intérêt qu'a eu pour moi le court séjour que j'ai fait à Turin.

Je décrirai ces deux prisons, sans me permettre des réflexions que l'exposé des faits rend inutiles.

1.º *Prison de Chambéry.* Il y a peu d'années qu'elle a été construite sur un plan perfectionné. L'ensemble des bâtimens forme un quarré long, partagé par deux murs qui le coupent à angle droit, en quatre cours égales. Au point de section de ces murs, est un pavillon d'où l'on peut inspecter chacune des cours, et où l'on place un gardien pendant la nuit. Cette prison n'a pas été complétement achevée, et une galerie qui servait de communication avec l'un des étages, s'étant écroulée au moment où l'on venait d'y faire une ronde de nuit, elle n'a point encore été reconstruite.

Trois des cours de cette prison renferment des détenus de toute espèce sans aucune classification : les enfans et les hommes faits, les déserteurs, ceux qui ont été arrêtés pour de simples infractions aux règlemens de police, les voleurs y communiquent librement entr'eux.

La quatrième cour est réservée au concierge et à ceux des prisonniers à pistole (on appelle de ce nom ceux qui sont en état de payer un logement séparé).

Il y a dans chaque cour de l'eau et toutes les aisances de propreté convenables. Tous ces bâtimens sont entourés par un mur intérieur, qui, tout en permettant la circulation à l'air, empêche les évasions. Les corps de logis ont leurs ouvertures du côté des cours, dans lesquelles les prisonniers peuvent se tenir pendant six heures chaque jour. Pendant ce temps les chambres de l'étage supérieur sont fermées. Mais celles du rez-de-chaussée demeurent ouvertes.

L'air ne circule point dans les dortoirs des prisonniers, ce sont des chambres voûtées, dont chacune peut contenir six à huit personnes. Les prisonniers n'ont dans cette prison d'autre moyen d'occupation que ceux qu'ils se procurent eux-mêmes; quelques-uns tricotent. On ne leur fournit aucun vêtement, ceux que des personnes charitables de la ville leur font parvenir, deviennent souvent, à ce que me dit le concierge, une source de dispute entre ces malheureux. Ils se plaignent amèrement de leur dénuement, leurs guenilles les laissent exposés aux intempéries de l'air, ils n'ont pas même de couvertures pour s'en garantir pendant la nuit, ils couchent sur la paille. La ration journalière est de 20 onces de pain et de 27 onces de soupe ; l'entrepreneur a porté gratuitement cette dernière à 34 onces. Le sort de ces prisonniers est donc en tout très-malheureux (1).

Il n'y a dans cette prison d'autre inspection que celle qui se fait pendant la nuit pour la sûreté. Les prisonniers n'ont d'autre instruction que celle que leur donnent quelques élèves du séminaire ; ils entendent une messe chaque dimanche.

Il y a ordinairement de 7 à 8, et il y a eu jusqu'à 14 malades dans l'infirmerie, sans y comprendre les femmes. Les malades y sont mal soignés. Pour ceux-ci, on substitue à la ration de soupe un bouillon gras, on ne leur donne point de vin et à peine d'autre remède que quelque tisanne. Les prisonniers ont l'air malheureux, ils souffrent autant du manque absolu de travail que du besoin de vêtement et de nourriture, aussi n'ai-je pas été surpris d'apprendre qu'ils avaient faits pour s'évader, plus d'une tentative dictée par le désespoir.

La prison des femmes est dans une cour contiguë à la prison des hommes. Elles sont pour la plupart occupées, mais elles ne sont point classées, et ne sont point soumises à une inspection régulière. La cour et les chambres qu'elles occupent sont trop resserrées.

(1) Voyez note, p. xix, tirée de l'ouvrage de M.ʳ Villarmée.

Je passe maintenant aux *prisons de Turin*, qui
sont au nombre de quatre. La prison du Sénat, la
prison correctionnelle , la prison des forçats et la
prison des tours. Ces deux dernières sont à l'usage
de la police ; la seconde est à la fois une maison de
justice et de police, et contenait quand j'étais à Turin
100 prisonniers , dont 46 condamnés, 32 prévenus
et 22 mis en dépôt pour être traduits ailleurs ou re-
tenus par ordre de la police ; la cour de cette prison étant exposée à des communications extérieures,
les détenus sont privés de la faculté d'y prendre l'air.
Dans cette prison et dans celle des forçats, il n'y a
aucun service religieux quelconque. Celle du sénat
consiste en un seul bâtiment , dont le centre est
occupé par une cour longue de 25 pieds de Piémont
ou de 42 pieds anglais, et large de 23 pieds de Piémont ou de 38 pieds anglais. Ses quatre étages
composent deux prisons distinctes : le rez-de-chaussée
et le premier en forment une , contenant 70 ou 80
hommes , et le second et troisième une autre qui
en contient à peu près le même nombre, et qui est
contiguë à la prison des femmes qui occupent elles-
mêmes le quatrième étage ou les combles. Ceux
du rez-de-chaussée seuls , ont la permission de se
promener dans la cour ; les autres ont des corridors
qui donnent dans cette cour ; les femmes n'en ont
pas.

Il n'y a d'autre travail dans les deux divisions de
la prison des hommes , que celui que procure au

.détenu

détenu l'humanité de quelques personnes bienfaisantes, on n'y voit qu'un bien petit nombre de prisonniers occupés, les uns tricotent, les autres tressent de la paille. Ils ne sont point classés, mais réunis pêle-mêle, sans distinction d'âge ni de délits. Les prévenus des moindres délits et les accusés de crimes graves, ne sont ni séparés entr'eux, ni séparés des condamnés à une peine quelconque. L'inspection du concierge peut s'étendre aux cours et aux corridors, mais non à l'intérieur des chambres, à moins d'y entrer, les portes n'ayant pas même de guichet. Chacune d'elles contient de 8 à 10 prisonniers; j'ai été frappé en y entrant du défaut de circulation de l'air, les cuves ne se vident qu'une fois en 24 heures, même en été.

Chaque prisonnier reçoit 20 onces de pain et 20 onces environ de soupe par jour. Le Gouvernement ne fournit que le pain aux prisonniers; il paie à la confrérie dite, *de la miséricorde*, la somme de 22,000 fr. par an; moyennant quoi, elle s'oblige à fournir aux détenus de la prison du sénat et de la prison correctionnelle, la soupe, le grabat et une capotte qui leur sert de couverture de lit. C'est là tout l'habillement et la fourniture de lit des prisonniers.

Le nombre des malades dans chacune des prisons est d'environ 10 sur 70 ou 80. Il y a chaque Dimanche une messe et un sermon dans une chapelle attenante à la cour, dont les fenêtres sont grandes et sont tenues ouvertes pour que les prisonniers puissent y prendre part.

Les femmes, ainsi que je l'ai dit, sont logées dans les combles de ce même bâtiment , elles sont entassées dans six petites chambres, qui ne sont pas précisément de même grandeur, mais sont en moyenne, à peu près de 9 pieds de Piémont de longueur, de 4 de largeur, et de trois de hauteur ou d'environ 15, 7 et 5 pieds anglais. Ces chambres, ainsi que l'infirmerie , sont éclairées par une très-petite fenêtre, percée dans le toit. Elles ne sont point chauffées. Si les prisonnières n'étaient pas très-entassées, elles souffriraient beaucoup du froid pendant l'hiver; mais elles doivent être presque suffoquées en été.

Le passage qui conduit à ces chambres est fort étroit, et traversé à la hauteur des genoux, de distance à autre, par de grosses barres de fer qui vont s'appuyer sur la muraille extérieure, et qu'il faut enjamber en passant.

D'après ce que je viens de dire , le lecteur ne sera pas étonné d'apprendre que sur 24 femmes, j'en ai trouvé 8 de malades , et que le nombre de ces dernières est ordinairement de 8 à 10.

Je fus cependant distrait de l'impression que faisait sur moi cet état de malheur excessif, par la vue des femmes elles-mêmes qui sont toutes vêtues avec décence, toutes occupées à divers ouvrages. J'appris ensuite qu'elles devaient ces avantages à la générosité et au dévouement d'une Dame également

distinguée par son rang dans la société et par sa
piété, qui marche dans la carrière suivie par les
Dames de Londres et de Genève, et qui, à elle
seule remplace en quelque sorte un comité, soula-
geant les maux des détenues, leur procurant du
travail, lisant avec elles, les intruisant de leurs devoirs, et prévenant ainsi pour elles le danger qu'elles
auraient couru pour cette vie et pour la vie à venir, en entrant dans une prison comme celle où elles
sont confinées. Un prévenu peut demeurer 12 à 14
mois dans cette prison avant d'être jugé.

Quelque mauvais que soit l'état dans lequel j'ai
trouvé cette prison, j'ai emporté l'espérance qu'on
remédierait, lorsqu'il en serait temps, à la plupart
des maux qui en résultent, et je fonde cet espoir
non-seulement sur ce que les mêmes principes qui
ont engagé le Gouvernement, d'après les sages conseils du Comte de BALBO, à s'occuper d'une nouvelle législation criminelle, le conduiront à la réforme des prisons; mais aussi sur le choix des personnes qui ont été chargées de leur administration,
et en particulier sur celui du Comte César d'AZELIO,
Surintendant-général des maisons de charité, et sur
celui de Monsieur l'Avocat ROGGIERI, on ne voudra
pas laisser leurs dispositions bienfaisantes sans moyens
d'agir; et de même qu'il s'est trouvé une société de
particuliers qui ont construit un hôpital, en lui donnant une forme analogue à celle qui est le plus à désirer dans une bonne prison, on ne tardera pas, je

J'espère, à construire selon leur vœu une maison de détention perfectionnée. Tout ce que je désire, c'est que cette construction ne soit pas long-temps différée. Puisse le Gouvernement du Piémont, avoir bien présent à l'esprit tous les maux qu'entraîne le vice, et songer combien il se propage dans les prisons actuelles, afin qu'il use de tous les moyens qui sont en son pouvoir pour tarir cette source de corruption.

PRISON

ET MAISON DE CORRECTION DE BURY (1).

De toutes les prisons que j'ai vues en Angleterre, celle de Bury est la mieux construite. Les règlemens qui la dirigent sont extrêmement sages et humains, et, ce qui est de première importance, elle a maintenant un concierge qui remplit ses devoirs avec autant de zèle que de fidélité.

Il est facile de se faire une idée des bâtimens ; un mur d'enceinte les renferme tous, au centre est la maison du concierge, de ses fenêtres il peut inspecter chacune des cours, et il est à peine possible qu'une infraction à la règle puisse avoir lieu sans qu'elle soit remarquée par lui ou par quelqu'un des membres de sa famille. Il m'a dit que vingt ans d'expérience comme géolier, lui avaient appris que trois choses étaient essentielles à la morale et à la santé des prisonniers, au maintien de la discipline et à la sûreté des prisons : La *Classification*, l'*Occupation* et la *Propreté*.

Le système de classification est porté dans la prison de Bury aussi loin que possible ; il y a des bâtimens

(1) Visitée en janvier 1818.

et des cours séparées pour les prisonniers appartenans
aux classes que nous allons indiquer :

Hommes.

N.os 1 et 2. Les prisonniers pour dettes.

3. Les témoins du Roi (1), lorsqu'il s'en trouve,
sinon quelqu'autres prisonniers.

4. Les condamnés correctionnellement, ou pour
de légers délits.

5. Les condamnés à la déportation, et les grands
criminels.

6. Les prévenus de grands crimes.

7. Les prévenus de légers délits.

Femmes.

8. Les détenues pour dettes.

9. Les prévenues.

10. Les condamnées correctionnellement.

11. Les condamnées pour crimes.

On a remis avec raison l'application de ces règles
à la discrétion du concierge. Ensorte qu'un voleur
reconnu, qui a déjà subi un emprisonnement, mais
qui se trouve incarcéré de nouveau pour une faute
légère, n'est pas placé parmi les prévenus de cette
dernière espèce de délit, qu'il pourrait corrompre,

(1) The king's Evidence, littéralement les témoins. On
appelle de ce nom ceux d'entre les complices d'un crime, qui,
sur la promesse de grâce qui leur est faite, avouent leur crime
et se portent comme témoins contre les autres coupables.

mais bien avec ceux qui sont accusés de crimes plus graves. De même, un jeune homme d'une conduite régulière, qui, évidemment, n'est pas endurci dans le crime, est réuni, bien que prévenu d'un délit grave, avec ceux qui ne sont accusés que de fautes légères.

On doit remarquer qu'il n'y a pas de séparation entre les hommes et les jeunes garçons, qu'il n'y en a pas non plus entre les femmes prévenues en raison de la gravité ou du peu d'importance de leur délit. Mais le bâtiment réservé aux témoins du Roi, peut servir presque toujours à renfermer séparément les jeunes garçons.

La prison peut contenir 84 prisonniers, elle renferme 84 cellules; lorsqu'il n'y a que ce nombre de détenus, chacun d'eux passe la nuit dans la solitude, règle que le concierge regarde comme d'une haute importance. Maintenant les prisonniers sont en nombre beaucoup plus considérable, il faut donc en placer plus d'un dans chaque chambre; dans ce cas le concierge en met trois ensemble, ayant vu des inconvéniens à ce que deux prisonniers seulement passassent la nuit dans la même cellule.

C'est en soignant la propreté des appartemens et des cours, et la propreté du corps chez les prisonniers, qu'on parvient à conserver et à fortifier leur santé.

A leur arrivée, on leur coupe les cheveux et on a soin de les maintenir courts. Ils doivent se laver chaque matin, et ne reçoivent leur ration que lorsqu'ils sont lavés. Il y a des bains chauds et froids à leur usage. Le samedi est le jour de barbe, le dimanche, on leur fournit du linge propre (si cela est nécessaire, le comté pourvoit à cette dépense). La chambre de récréation, les chambres de travail et les cellules sont balayées chaque matin, et lavées deux fois par semaine en été, et une fois en hiver; les corridors, les appartemens et les cellules sont blanchis deux fois par an; après chaque session d'assises les prisonniers sont visités. A leur entrée on leur fait prendre un bain chaud, si cela est né-saire; pendant la nuit leurs vêtemens sont passés au four; s'ils sont en mauvais état, on leur en fournit aux frais du comté.

A l'arrivée d'un *prévenu*, on lui propose de tra-vailler; s'il y est disposé, on lui procure autant que possible l'espèce d'occupation à laquelle il est accoutumé, et on l'encourage au travail en lui aban-donnant la totalité de ses gains.

Le produit du travail des *condamnés* se partage de la manière suivante : un cinquième appartient au concierge, deux cinquièmes au comté, et des deux autres cinquièmes restans, l'un est remis im-médiatement au prisonnier, et l'autre réservé pour lui être délivré à sa sortie; outre cela on lui donne un viatique et une petite somme pour s'entretenir jusqu'à ce qu'il ait de l'ouvrage.

Quand à l'argent qu'il reçoit dans la prison, il ne peut le dépenser que de la manière suivante : deux fois par semaine l'un des guichetiers fait une tournée auprès des prisonniers, et prend note des objets que chacun d'eux désire d'acheter. Cette liste, qui s'élève quelquefois à 200 articles, passe sous les yeux du concierge qui efface toutes les demandes qu'il ne trouve pas raisonnables. Quant aux objets accordés, il veille à ce qu'ils soient fournis aux prisonniers au prix coûtant, en quantité, poids et mesure convenable : toute liqueur spiritueuse est absolument interdite.

Leur travail consiste à faire des habits, des souliers de cuir, des souliers de lisière, des chapeaux de paille, etc. On emploie aussi les prisonniers à moudre, à l'aide d'un moulin d'une structure particulière, et qui a quelque rapport à un tourne-broche.

Ils marchent en ligne dans un tambour qu'ils font tourner par le seul poids de leur corps, sans qu'aucun effort soit nécessaire : aussi n'est-il aucun d'eux qui puisse se soustraire à ce genre de travail. Pour cela, on les divise en escouades, dans la composition desquelles on observe la classification, de telle sorte, que s'il n'y a pas assez de prisonniers d'une même classe, on ajoute, pour former une escouade, ceux de la classe voisine qui ont le plus de rapport avec eux; ainsi, par exemple, si le nombre des condamnés pour crime n'est pas suffisant, on leur adjoint ceux qui ont commis les délits correctionnels les plus graves, et inversément. Si le nombre de ceux qui sont coupables de délits correctionnels ne suffit pas pour former une escouade, on leur adjoint les moins corrompus d'entre les grands criminels.

Quant à la salubrité, j'ai omis de dire que la prison est à quelque distance (demi-mille) de la ville, dans un lieu sec et aéré, et que toutes les précautions d'usage ont été prises pour renouveler l'air des chambres : ce que le concierge regarde comme d'autant plus nécessaire, que les prisonniers ne demanderaient pas mieux que d'habiter des chambres bien closes, et que, si on les y autorisait, ils intercepteraient tout accès à l'air. Il trouve que les prisonniers prennent de l'embonpoint et que leur santé s'améliore pendant leur détention, ce qu'il attribue à l'exercice, à la propreté et à l'exclusion des liqueurs fortes.

On n'use des fers que comme moyen de punition, et pour les délits commis dans l'intérieur de la prison.

Les lits sont de fer et garnis d'une paillasse, de deux couvertures légères et d'une couverture grossière plus forte. La nourriture des prévenus consiste en une livre et demie de pain par jour, et en une livre de fromage par semaine. Ceux des condamnés qui prennent part aux travaux pénibles du moulin, ayant besoin de plus de nourriture, reçoivent en outre une livre de viande par semaine.

Antérieurement, le concierge était chargé de leur apprêter la nourriture et de leur fournir la soupe, mais à sa demande cet usage a été aboli. Il regarde comme nécessaire à l'influence morale que doit exereer un concierge, qu'il soit à l'abri du soupçon même de fraude, ce qui ne pouvait s'obtenir qu'en distribuant les rations en nature, (crues).

Il y a un grand désir d'apprendre à lire et à écrire, et cette instruction est donnée dans chaque quartier par ceux des détenus qui en ont la capacité et la bonne volonté ; ils reçoivent pour cela de petits honoraires.

Presque tous les prisonniers, au moins ceux qui séjournent quelque temps dans la prison participent à ces précieux avantages.

Tous ceux qui sont condamnés à la détention apprennent quelque métier, qui dans la suite devra contribuer au bien-être de leur famille, lors même qu'il ne deviendrait pas leur occupation principale : par exemple, tous ceux de la classe des criminels ont appris à faire des souliers de lisière et des chapeaux de paille. Cette occupation remplit utilement les intervalles des travaux du moulin, et leur rapporte de un à trois schellings par semaine. Le concierge pense qu'on ne doit pas occuper les prisonniers surtout et uniquement dans des vues mercantiles ; vu que l'inexpérience des ouvriers et la fluctuation des prix doit réduire à peu de chose le profit qu'on peut espérer de leur travail ; mais il croit qu'il est d'une haute importance qu'ils soient occupés, à cause des effets moraux qui en sont la suite nécessaire ; n'y eût-il même nul profit, fût-on au contraire exposé à des pertes, encore faudrait-il les occuper, et payer leur travail, comme le seul moyen d'éviter les troubles, d'améliorer leur caractère et de prévenir les évasions.

Il pense aussi qu'il ne faut rien statuer d'une manière générale sur la réclusion solitaire, vu les effets différens qu'elle produit selon les caractères. Il y a quelques années que deux hommes qu'il croit avoir été élevés ensemble, furent condamnés l'un et l'autre à la prison solitaire. L'un d'eux stupide et paresseux passait son temps à dormir ; l'autre, homme actif et plein d'énergie, en devint presque fou ; ensorte qu'il fut nécessaire de se relâcher de cette condamnation.

Il a vu que le travail contribue non-seulement à la sûreté de la prison et à l'amélioration morale des prisonniers, mais encore à leur bien-être actuel. Ayant eu dernièrement à infliger une punition à l'un des quartiers, voici ce qu'il fit : il se borna à refuser aux prisonniers la matière première du travail non exigé. Dès lors il ne se passa pas un jour sans qu'ils le suppliassent de leur en donner, en lui promettant de se conduire mieux à l'avenir.

Le concierge avait reçu depuis peu d'une maison de travail du voisinage une femme de mœurs dépravées, qui avait constamment refusé de s'occuper, et on l'avait prié de faire son possible pour la corriger. Notre concierge l'avait donc renfermée seule et sans ouvrage, et, pendant que j'étais là, elle demanda comme une grâce qu'on lui donnât un rouet, pour la distraire, disait-elle, et l'aider à passer le temps.

Plus d'une fois, il est arrivé, qu'après être rentrés dans la société, d'anciens prisonniers sont venus auprès du concierge pour le remercier des instructions qu'ils en avaient reçues pendant leur détention. Plusieurs d'entr'eux dont la conduite avait été des plus dérangées, ont exercé ensuite une honnête industrie, et sont à cette heure des citoyens respectables.

Il y a eu des maîtres qui l'ont remercié d'avoir réformé la conduite de leurs domestiques; l'un d'eux l'a assuré cette semaine, qu'un jeune homme qui avant sa détention avait la conduite la plus déréglée, est devenu depuis lors, l'exemple des autre domestiques de campagne.

Deux jeunes gens avaient été renfermés pour la même faute. Le concierge a vu dernièrement la lettre que l'un d'eux écrivait à un camarade de prison. Il lui racontait avec chaleur ses nouveaux méfaits : quant à George, ajoutait-il, je crois qu'il est devenu tout-à-fait imbécile : il travaille toute la semaine, il va à l'église le dimanche, et a rompu avec toutes ses anciennes connaissances. Le père du jeune homme, qui, depuis sa détention avait ainsi abandonné et ses précédens désordres et ceux qui en étaient les complices, vint à la prison dans l'intervalle de mes deux visites en cet endroit, témoigner sa reconnaissance au concierge; voici ses propres expressions : Quant à mon garçon, c'est vraiment une œuvre de salut, et quant à moi, pauvre comme je le suis, cela me vaut plus de cent guinées ; que n'a-t-il été envoyé auprès de vous, il y a cinq ans !

Il croit qu'il n'est guères possible qu'un désordre grave ait lieu, sans que quelque détenu en donne avis. Dernièrement les prisonniers appelèrent la nuit le porte-clef, et lui dirent qu'ils entendaient comme le bruit de quelqu'un qui travaillait à s'échapper. On trouva en effet qu'un prisonnier avait déjà coupé la fenêtre de sa cellule.

Il ne permet pas même de jouer à croix-ou-pile ; pour qu'on n'enfreigne pas cette défense, il exige de tous les prisonniers qu'ils donnent avis des tentatives même qui seraient faites pour désobéir, et il confine pour un jour tous ceux du quartier où l'on a joué sans qu'on en ait donné avis.

Il observe que les réglemens d'une prison ne doivent pas être trop sévères, mais qu'ils doivent être rigoureusement exécutés ; qu'ils ne sauraient être trop simples, parce que, s'ils sont compliqués, la machine ne peut pas cheminer en quelque sorte d'elle-même, et il en résulte bientôt du désordre.

Il observe aussi, qu'il est d'une justice exacte de laisser au prisonnier qui n'est pas encore reconnu coupable, autant de liberté que cela est possible.

Tels sont les principes suivis dans cette prison ; ils sont le résultat de l'expérience du concierge. Si garder sûrement les prisons, si conserver la santé du prisonnier, si prévenir les crimes qu'il pourrait encore commettre, sont des objets importans dans l'administration des prisons, les faits suivans n'auront pas besoin de commentaire.

Il n'y a en ce moment aucun prisonnier malade.

En dix-huit années, il ne s'est échappé qu'un seul prisonnier ; son évasion a eu lieu au milieu du jour, il était aux fers.

En moyenne, sur cent prisonniers il n'y en a pas cinq qui soient détenus pour la seconde fois. Sur les 130 qu'elle contient actuellement, il y en a 7 qui sont dans ce cas ; 4 pour des crimes graves, et trois pour voies de fait ou pour quelque faute légère.

Il n'y a jamais de débauches, de disputes, de juremens.

L'état de cette prison vaut une haute considération aux magistrats de ce district, et ils retirent de grands avantages de cette œuvre de miséricorde.

J'ai laissé ce rapport pendant une semaine entre les mains du concierge, afin qu'il pût en corriger les inexactitudes ; il a donné son assentiment à tout ce qui s'y trouve, et a seulement exigé la suppression d'un dernier paragraphe dans lequel j'exprimais ce que je pense de sa conduite.

MAISON DE FORCE
DE GAND (1).

Cette prison est située aux portes de la ville.
Elle est bâtie sur un plan octogone, quoiqu'il n'y
ait encore que cinq des *compartimens* de finis ;
néanmoins on a réussi à y opérer une séparation
complète entre les cathégories suivantes.

1.º Les hommes et les femmes.

2.º Les malades et ceux qui sont en santé.

3.º Les prévenus et les condamnés.

4.º Les grands criminels.

5.º Et ceux qui n'ont commis que de légers délits.

Quand l'édifice sera achevé, ce qu'on a lieu d'espérer, il sera susceptible de six nouvelles divisions.
Chacune de celles que nous venons d'indiquer ci-
dessus est pourvue d'une cour où les prisonniers
prennent leurs exercices journaliers.

Nous avons d'abord visité les prévenus et ceux des
condamnés qui ont porté appel de leur sentence.
Le traitement auquel on les soumet n'offre rien de

______

(1) J'ai visité cette prison en novembre 1817, depuis lors
j'ai envoyé au concierge une copie de ce rapport ; il me l'a
renvoyée en m'assurant qu'elle était parfaitement exacte.

particulier ; on ne les fait pas travailler , et ils ne reçoivent aucune instruction.

De là nous avons visité les condamnés, ils ont leurs lits dans de petites cellules le long d'une galerie ouverte sur la cour. Chacun d'eux a sa cellule séparée, pourvue d'une carcasse de lit en fer, d'un fort matelas, d'un drap double, de deux couvertures, dont l'une est simple, et d'un oreiller.

Tous ces objets s'exposent à l'air, lorsqu'il est serein, et l'on a soin de tenir les portes ouvertes tout le jour ; les cellules nous ont paru parfaitement propres et commodes.

La plupart des prisonniers d'une même classe travaillent ensemble dans des salles de 170 pieds de long et de 26 de large. Leur principale occupation est le tillage des calicots , des toiles damassées et du triège pour les sacs. Mais il y a des ateliers de scieurs , de charpentiers , de forgerons , etc.

Le plus grand ordre et la plus grande régularité règnent dans cette prison. Le silence est de rigueur, et il est si bien observé que nous n'avons pu obtenir aucune réponse aux questions que nous avons faites aux prisonniers.

Je n'ai jamais vu de manufacture où les ouvriers fussent plus assidus à l'ouvrage ; à notre entrée dans les salles, nous n'entendions d'autre bruit que celui de la navette , les yeux et les mains étaient également occupés : il en était de même , soit que le gardien fût près de nous soit qu'il se tînt à distance. C'est ici le règne de l'ordre.

Cette manufacture est entre les mains d'un entrepreneur, qui doit fournir journellement à chaque prisonnier 26 onces de pain bis, deux pintes de soupe, et il reçoit pour cela du gouvernement sept sols de France par tête.

Il procure aux prisonniers des matériaux bruts qu'il pèse quand il les remet, qu'il pèse encore en les retirant ; et les prisonniers tiennent compte de tout ce qui manque.

Il fournit aussi tout l'attirail des métiers, mais ceux qui s'en servent sont responsables des accidens. Le travail fait, on l'évalue, d'après un prix fixé d'avance, et l'ouvrier reçoit chaque semaine la totalité de l'argent qu'il a gagné.

L'entrepreneur établit deux surveillans dans chaque salle, ils sont choisis entre les prisonniers ; leur tâche est d'inspecter le travail et de faire observer le silence.

Il y a dans chaque cour une cantine qu'on ouvre trois fois par jour, à des heures fixes, et sous la surveillance du concierge, les prisonniers sont placés sur une ligne et appelés successivement deux à deux. Tous les objets de vente sont étalés sur une table devant eux, et chaque article porte son prix marqué sur une étiquette ; les deux premiers choisissent ce qu'ils veulent, en déposent l'argent et se retirent pour faire place à de nouveaux acheteurs, et ainsi de suite.

Les objets vendus ne l'étant donc que sous l'inspection du concierge, et les vendeurs prêtant le serment de n'apporter aucun article défendu , les liqueurs fortes surtout, on peut être sûr qu'on n'introduit rien de dangereux.

Un Prêtre avec ses assistans dit la messe chaque dimanche. Les autres jours, ses devoirs se bornent à visiter les malades et les condamnés à mort, s'il y en a , mais comme dans ce pays-là, on ne soumet à la peine capitale que ceux qui sont coupables de meurtre prémédité , le nombre de ces derniers est fort peu considérable.

L'infirmerie possède un jardin à l'usage des malades. Il y a des chambres et des cours particulières pour ceux qui sont attaqués de maladies contagieuses. Les autres malades occupent une salle de 70 pieds de long et d'environ 30 de large , parfaitement aérée au moyen de fenêtres et de ventilateurs placés au plafond. Le nombre des malades n'excède guères 25 , quoiqu'il y ait plus de 1300 prisonniers.

Nous avons demandé au sous-géolier : «Sur cent prisonniers relâchés, combien y en a-t-il qu'on renferme pour de nouveaux délits ? Il nous a répondu cinq. Nous avons fait la même question au concierge ; et il a répondu : Sur cent grands coupables qui ont été relâchés, il en revient dix , mais il est bien rare qu'on voie revenir quelqu'un de ceux qui avaient été condamnés pour de légers délits.» Il n'y a donc pas de différence sensible dans ces deux évaluations. Nous n'avons vu dans toute la prison ni fers ni chaînes. Les réfractaires sont punis par la privation du travail ou par une prison solitaire qui n'excède pas dix jours. Autrefois on faisait usage de punitions corporelles, maintenant on les a suspendues, seulement, dit le concierge, parce qu'elles ne sont plus nécessaires. La privation du travail suffit pour maintenir dans l'ordre et dans une stricte obéissance à la règle 99 prisonniers sur 100 ; et s'il en est qui soient d'une nature turbulente et absolument intraitable, une semaine de prison solitaire les réduit à l'obéissance. Encore est-il très-rare que l'on soit obligé d'en venir deux fois à ce mode de punition aussi efficace que redouté.

Voici le traitement qu'on suit à l'égard d'un prisonnier. Avant son jugement on se contente de le tenir enfermé, sans exiger qu'il travaille ; cependant, s'il désire s'occuper, on lui en procure les moyens. Il est nourri et vêtu suffisamment. La cellule où il passe la nuit est bien aérée ; il a accès pendant le jour dans une cour spacieuse et dans des corridors couverts où il peut se récréer et prendre de l'exercice. Il n'a aucune communication avec les condamnés ni avec les prévenus de crimes d'une nature différente de celui dont il est accusé. Il peut voir ses amis et son défenseur officieux, mais à des heures fixées et moyennant certaines précautions ; si sa santé est dérangée, il reçoit toute espèce de

soins,

soins, et est soumis à un fort bon traitement médical.

Dès qu'il est condamné, on l'introduit dans la manufacture ; s'il connaît déjà l'un des ouvrages qui s'y font, on lui donne des outils, sinon il est placé comme apprenti sous quelqu'habile ouvrier, qu'on intéresse aux progrès de son élève, en lui donnant pendant quelque temps une partie des profits de celui-ci.

Il continue à être l'objet des mêmes soins de régime, de santé, et de propreté. Deux heures lui sont assignées chaque jour pour ses exercices. Le reste du temps est consacré à un travail soutenu. Au moyen du système excellent suivi à son égard, il prend des habitudes d'ordre, de retenue et de soumission : l'activité devient une habitude pour lui, et une habitude d'autant plus agréable qu'elle lui procure des profits.

Les prisonniers reçoivent maintenant la totalité de leurs gains ; c'est un arrangement nouveau, mais défectueux, et l'on se propose d'en revenir à l'ancien plan, par lequel un tiers de leur gain était mis à part pour ne leur être livré qu'au moment de leur départ. Le concierge s'est rappelé plusieurs exemples de prisonniers qui avaient économisé jusqu'à deux ou trois cents francs ; et il connaît plusieurs artisans qui exercent actuellement à Gand le métier qu'ils ont appris en prison : ils se sont établis à l'aide des épargnes qu'ils y avaient faites, et grâce à leurs habitudes d'industrie, ils sont dans un état d'aisance et de prospérité.

A l'occasion des bons effets résultant d'un système de travail dans les prisons, M.ʳ Howard cite l'anecdote suivante : « J'ai ouï dire qu'un Anglais qui avait été détenu pendant plusieurs années dans le Rasphouse (prison d'Amsterdam), et auquel on avait permis d'y exercer sa profession de cordonnier, s'y était corrigé des vices qui avaient été la cause de son emprisonnement. On ajoutait que le prisonnier, à sa sortie, avait eu dans ce qui restait de ses gains, une somme suffisante pour établir un atelier à Londres, où il a vécu considéré. Il avait coutume à son dîner de boire à la santé des dignes administrateurs de Rasp-house. »

Rien ne m'a tant frappé dans tout l'établissement de Gand, que la conduite décente, respectueuse et soumise de tous les prisonniers. Il y a chez eux tant de propreté, tant de douceur dans le maintien, un tel extérieur de bien-être et d'honnêteté, qu'il suffit de les voir pour se convaincre de la réussite du système adopté à leur égard. Je venais de visiter les principales prisons de notre métropole, et il me serait impossible de donner aucune idée du contraste qu'elles offrent avec celle-ci.

Il y a moins de différence entre le désordre tumultueux d'une tempête furieuse, et la sérénité d'une belle soirée d'été, entre la bête farouche qui ne vit que de proie, et l'un de nos paisibles animaux domestiques, qu'entre le bruit, les disputes, les orgies, le tumulte du Newgate, et la régularité, l'industrie et la tranquillité qu'on voit régner dans la maison de force de Gand.

Il est digne de remarque que M.ʳ Howard visita cette prison en 1775 et en 1778, et qu'il en parle avec beaucoup d'éloges comme d'une bonne institution. Il fait mention de l'industrie qui y régnait alors : j'assistai, dit-il, au dîner des hommes, et je fus frappé de l'ordre et de la décence avec lequel tout se passa : au premier mot du concierge on obéissait sans bruit, sans confusion, et cette réunion d'hommes corrompus et dans la force de l'âge était dirigée avec autant de facilité en apparence que ne l'est dans la société civile l'assemblée la plus régulière et la mieux disposée.

En 1785 il la visita de nouveau, et trouva de grands changemens en mal; voici ce qu'il en écrivit alors : «La manufacture, autrefois florissante, est maintenant détruite ; les métiers de tisserand et les outils ont été vendus à la suite d'un ordre précipité de l'Empereur, donné sur le rapport de quelques personnes intéressées. Les principes qui doivent régir des établissemens comme celui-ci sont mis de côté. Plusieurs devaient autrefois l'aisance et les douceurs de leur vie au métier qu'ils avaient appris, et aux soins dont ils avaient été les objets ; à présent, hommes et femmes ne gagnent pas, l'un dans l'autre, 7 liards par jour. On a opéré des réductions dans leur nourriture; au lieu de demi-livre de viande, ils n'en reçoivent plus que 6 onces; on leur donnait pour 3 liards de légumes verts, la ration en est réduite à 2 liards. Leur pain qu'on fait dans la prison, est maintenant du pain de munition. Par suite d'un si bas calcul, l'aspect des prisonniers est tout-à-fait changé, et je ne serais pas surpris d'apprendre que l'on va disposer en infirmerie d'un quart de la prison.

Ce malheureux système a prévalu pendant quelques années, jusqu'à ce qu'enfin le gouvernement du pays a vu combien il était préjudiciable à la morale aussi-bien qu'à la santé des prisonniers. Le premier plan a été remis en vigueur, et avec lui a reparu la santé, le bon ordre, et tous les signes d'amélioration que j'ai cherché à faire ressortir dans ce rapport.

PRISON

DE PHILADELPHIE (1).

PUISSE le nouveau Continent, accoutumé à recevoir de l'Europe, les lumières dont sa jeunesse et son inexpérience lui font éprouver le besoin, servir à son tour de modèle pour la réforme de la jurisprudence criminelle, et pour l'établissement dans l'ancien Monde, d'un nouveau système de prisons, sévère et terrible, mais juste et humain.

Duc de LIANCOURT.

Les prisons de l'Amérique septentrionale étaient en 1776, à très-peu-près ce que sont aujourd'hui la plupart des prisons de l'Angleterre. On n'y connaissait ni classification, ni travail, ni instruction, ni soins de propreté. L'arbitraire et la brutalité y régnaient, servaient de règles, et les seuls moyens

(1) Cette description est tirée de plusieurs rapports publiés sur cette prison et des renseignemens transmis par l'un des membres actuels du comité pour adoucir le sort des prisonniers à Philadelphie.

(*Note de la 6.ᵉ édition de l'ouvrage de M.ʳ* BUXTON).

Je prie mes lecteurs de n'admettre qu'avec quelque réserve ce qui est dit ici de la prison de Philadelphie, ayant appris dès lors quelques détails qui m'ont donné des doutes sur son entière exactitude.

de discipline étaient les imprécations , les menaces
et les fers , mis ou ôtés selon le caprice du géôlier.
D'un autre côté les prisonniers trouvaient un ample
dédommagement dans la licence qu'ils avaient de
s'abandonner à la paresse , d'acheter des liqueurs fortes , de se livrer à tous les excès de la débauche.
La malpropreté, l'ivrognerie , le désordre et la confusion, produisaient en Amérique les mêmes effets
qu'on les voit produire encore dans les prisons d'Angleterre.

Les maladies étaient nombreuses, les crimes devenaient plus fréquens , à peine aurait-on pu trouver un prisonnier , qui sortît de prison avec le même
fond de moralité qu'il avait en y entrant.

Quelques habitans de Pensylvanie, amis de l'humanité et déplorant ces maux, fondèrent une Société
pour améliorer le sort des détenus dans les prisons
publiques. Après quatorze ans de travaux et de mé-
comptes , ils parvinrent à obtenir de l'autorité légis-
lative , la permission d'introduire dans les prisons
par forme d'essai , une nouvelle organisation , dont
les principes étaient la classification des prisonniers ,
d'après leur crime , et l'obligation du travail. Dès
son origine, ce projet rencontra une foule d'adversaires , tant les préjugés étaient généralement répan-
dus ; on tournait en ridicule , et le nouveau mode de
discipline et ceux qui l'avaient conçu ; on allait
jusqu'à suspecter les motifs qui les faisaient agir , et
à prédire le renversement de leur plan. Les géôliers

le déclaraient impraticable. Tous les juges, à l'exception d'un seul, se joignirent aux adversaires du projet, et le gouvernement cédant à l'opinion, restraignit à 5 années la durée de l'essai.

Cependant on fit sans retard les changemens de construction nécessaires, et l'expérience commença, mais ici s'éleva une nouvelle difficulté. On avait persuadé aux prisonniers, que les nouveaux arrangemens leur étaient préjudiciables ; et ce n'était pas difficile : quoi de plus insupportable en effet à celui qui a de longues habitudes de paresse et de licence, que l'idée d'être forcé de s'en défaire. Un complot d'évasion, favorisé par le geôlier lui-même, fut conçu et exécuté le jour même où devaient commencer les opérations de la société.

Cependant au bout de 5 années d'épreuves l'opinion publique avait entièrement changé. Personne en Amérique, dit le duc de Liancourt, ne doutait plus de l'utilité du système ; les juges en étaient devenus le plus ferme appui. Il fut donc sanctionné par une loi permanente, et l'exemple de Philadelphie fut bientôt suivi dans les Etats de New-York, de Virginie, de Massachusetts, de Vermont, de Connecticut, de New-Jersey et de Maryland.

Voici quelques détails sur ce système. Les prisonniers sont distribués dans les classes suivantes :

1. Les prisonniers.

2. Les condamnés pour crimes.

3. Les condamnés pour de légers délits.

4. Les vagabonds.

5. Les prisonniers pour dettes.

Il n'y a point de communication entre les hommes et les femmes.

Les prévenus ne sont soumis à aucune obligation de travail ; mais s'ils le désirent, on leur fournit les moyens de s'occuper (les condamnés sont assujettis à un travail régulier).

Il y a dans la prison une manufacture de clous, qui en fabrique 5 quintaux par jour ; de vastes ateliers de forgerons et de charpentiers, et des boutiques pourvues des outils et des métiers nécessaires aux menuisiers, aux tourneurs, aux cordonniers, aux tailleurs, aux tisserands en laine et en fil, et aux fabricans de tapis.

Dans les cours on s'occupe à scier et à polir le marbre, à tailler des pierres et à râper des bois de teinture.

Il y a dans l'enceinte de la prison un moulin à blé, et un autre qui sert à préparer le plâtre de Paris.

On se livre à ces diverses occupations avec beaucoup d'ordre et d'activité : partout, dit M.\ Turnbull, règne un esprit d'industrie et un air de contentement ; je pouvais à peine me persuader que ce fussent là des criminels, et non des hommes accoutumés aux travail dès leur enfance.

Chaque prisonnier a un compte ouvert au débit duquel sont portés, d'abord la somme qu'il a volée ou

escroquée, puis les frais de procédure, ainsi que l'a-
mende à laquelle il est condamné, enfin le coût de
de sa nourriture et de ses vêtemens; au crédit on
porte le produit de son travail.

Il reçoit tous les trois mois un compte balancé.
Au terme de sa détention, s'il reste à devoir quelque chose, il demeure en prison jusqu'à ce que par
son gain journalier il ait soldé sa dette; si la balance
est en sa faveur, on lui paie ce qui lui revient.
C'est ainsi que tout relâchement dans le travail ne
peut-être réparé que par un redoublement d'activité.
Le prisonnier doit pour s'acquitter faire une quantité d'ouvrage déterminée; il est de son intérêt d'y
mettre le moins de temps que possible, parce que
chaque jour les frais d'entretien ajoutent quelque
chose à sa dette.

Il est rare que sur un rapport favorable des inspecteurs, la partie plaignante d'un côté, le gouvernement de l'autre, ne se désiste pas en faveur du
prisonnier qui se conduit bien, d'une partie du dédommagement ou de l'amende, et que même on n'obtienne une restriction à la durée de la peine. Cependant ces demandes ne sont faites qu'avec beaucoup
de prudence; il faut que le prisonnier ait eu une
conduite régulière, qu'il ait montré de la soumission
et une disposition au repentir, qu'il ait été assidu
à l'ouvrage; il faut enfin qu'il ait pendant un temps
considérable donné des preuves d'un changement
efficace et durable, pour mériter qu'on obtienne une

intercession en sa faveur. Cependant, quoique l'on se tienne en garde contre une indulgence déplacée, il est tellement rare qu'un prisonnier soit dans le cas d'accomplir en entier la sentence prononcée contre lui, que la personne de qui je tiens cette information, et qui a eu la surveillance de la prison pendant 10 années, ne se rappelle pas d'en avoir vu un seul cas.

On reçoit avec le condamné un rapport détaillé de son crime, rappelant les circonstances qui peuvent affaiblir ou aggraver ses torts et faire connaître son caractère, en indiquant la conduite qu'il a tenue pendant sa procédure. D'un autre côté, on instruit le détenu des règlemens de la prison; dans ce premier moment surtout, on n'épargne rien pour réveiller en lui le sentiment de sa faute, de l'outrage qu'il a fait à la société qui le protégeait, et de la nécessité de le réparer par son amendement et par l'exemple qu'il sera appelé à donner. On l'encourage de toute manière à remplir ses devoirs de bon cœur, à se conduire avec bienséance, soit avec ses gardiens, soit avec ses compagnons, on lui donne l'espérance qu'une bonne conduite, si elle ne se dément jamais, ne lui sera pas inutile, qu'elle pourra lui procurer sa liberté avant l'expiration du terme de sa condamnation (1).

Il est ensuite soumis à l'inspection d'un chirur-

____

(1) Turnbull.

gien, lavé et pourvu de vêtemens, dont les étoffes, (aussi-bien que celles qui servent aux matelas, aux draps et aux couvertures), sont tissées par les prisonniers hommes, et mises en œuvre par les femmes.

On lui assigne alors l'espèce d'ouvrage auquel il est accoutumé ; s'il ne sait en faire aucun, il fait une espèce d'apprentissage.

Chaque classe est dirigée par un chef d'atelier, qui surveille l'exécution des travaux. Les plus exacts d'entre les prisonniers, remplissent les fonctions de moniteurs, et doivent rendre compte de toute infraction à la règle. Pendant les heures du travail, nul prisonnnier ne peut quitter l'ouvrage sans permission. On défend de rire, de chanter, et même de parler, excepté de ce qui concerne immédiatement le travail dont on est occupé. Le silence observé dans ces ateliers, est ce qui frappe avant tout l'étranger qui les visite. Douze inspecteurs gratuits sont choisis parmi les personnes les plus respectables de la ville ; chaque jour l'un d'eux est tenu de visiter la prison, et cherche à entretenir en particulier ceux des prisonniers sur lesquels il espère que les exhortations produiront le plus d'effet.

On apporte les plus grands soins aux progrès du perfectionnement moral et religieux des prisonniers soit en leur fournissant des livres utiles, soit en les obligeant à prendre part aux exercices du culte qui se font avec régularité.

On donne à chacun d'eux, à déjeuner, trois quarts

de livre d'une bonne espèce de pain, avec de la melasse et de l'eau. A dîner une demi-livre de pain
et une demi-livre de bœuf, une écuelle de soupe
et des pommes de terre. Au printemps, à souper,
quelquefois des harengs, un apprêt de farine bouillie,
de la melasse et quelquefois du ris.

Ils ne boivent autre chose que de la melasse et
de l'eau : les condamnés ne peuvent recevoir aucune provision du dehors.

Ils se lèvent à l'aube, et après qu'ils ont fait leur
lit et qu'ils se sont lavés, ils se mettent au travail
avec le lever du soleil. Il y a des intervalles fixés pour
se reposer et prendre ses repas. A la tombée de la nuit
une cloche sonne et les travaux cessent; chaque prisonnier s'avance vers sa cellule et se place de manière à ce que le gardien puisse le voir. Celui-ci lit
un rôle et compte les prisonniers.

Ils ont une demi-heure pour préparer leur lit,
après quoi il n'est plus permis de parler haut, ni de
faire le moindre bruit.

Quatre hommes de guet font à leur tour des pa-
trouilles dans les corridors pendant toute la nuit,
et rapportent ce qu'ils ont entendu.

Il est défendu à tous les guichetiers de porter un
bâton, ou quelque arme offensive que ce soit. Il
n'existe dans la prison, ni fers, ni chaînes.

A la première infraction commise contre les règlemens, le coupable est réprimandé; une récidive le
prive de dîner à table avec les prisonniers : si cela

ne le corrige pas, on le condamne à la solitude pour un temps plus ou moins long.

Aucune peine corporelle ne produit probablement une impression aussi forte sur l'esprit, que ne le fait la réclusion solitaire. Ses effets ont été toujours les mêmes dans la prison de Philadelphie. Tous ceux, sans exception, qui ont été soumis à cette peine redoutée, se sont remis au travail avec une régularité remarquable. Dans aucun cas, on n'a été obligé de récidiver cette punition.

Celui qui y est condamné est renfermé dans une cellule étroite; on diminue sensiblement sa portion de nourriture, et elle lui est apportée chaque matin par un guichetier, qui se retire sans avoir proféré une parole.

Livré à ses propres pensées, il réfléchit à loisir sur ses déréglemens; il est seul avec le souvenir de ses folies, peut-être de ses crimes; son corps est dompté par l'abstinence, son esprit n'est plus distrait ni stimulé par la société; au bout de peu de jours il se fait en lui un changement sensible; quelque soit son orgueil, il sollicite son élargissement, en promettant de travailler de son mieux et d'être paisible; et l'on a remarqué que ceux que leur violence ou leur insubordination avait une fois exposés à cette punition devenaient les moins turbulens d'entre les prisonniers.

Précédemment, plusieurs crimes étaient punis de mort, en Pensylvanie; mais dès l'année 1791, on

a apporté des changemens au code pénal, et à l'exception du meurtre prémédité, les crimes autrefois
capitaux ne sont plus punis que par une détention,
dont une partie se passe en réclusion solitaire. Ce
changement accompagné de l'amélioration du régime
des prisons, a réussi fort au delà de tout ce qu'a-
vaient espéré ceux qui l'ont provoqué.

Je viens de retracer les principes adoptés à Philadelphie, ces principes sanctionnés maintenant
par une expérience de 25 années, qui après avoir
lutté contre beaucoup d'opposition et de préjugés,
ont fini par emporter les suffrages de tous ceux qui,
dans les Etats-Unis, peuvent être regardés comme
des juges compétens ; sont reconnus dans toute
l'Amérique comme des axiômes d'économie politique
incontestables ; quoique, dans ce même pays, il n'y
ait pas de vérité, soit de gouvernement, soit de politique, soit de religion qui ne soit débattue et con-
testée : il me reste maintenant à montrer quelques-
uns des résultats qui ont été la suite de leur admission.

J'ai été à portée de voir plusieurs Américains,
qui ont consacré beaucoup de temps à l'administration des prisons ; j'ai lu ce qui a été publié sur celles
de Philadelphie ; ce qui me frappe avant tout, c'est
que des personnes dont les habitudes et la manière de penser sont en opposition, le Duc de Liancourt, Brissot, les membres de la Société religieuse
des amis, n'ont qu'une voix pour exprimer leur

étonnement sur la propreté de la prison, sur la tenue décente des prisoniers, sur l'air de contentement avec lequel ils travaillent, enfin sur le changement qui s'opère en eux.

Mais il y a plus, et nous pouvons citer à l'appui de ce que ces témoins oculaires avancent, quelques faits assez importans.

« L'un des effets les plus marqués du nouveau système, a été la diminution des maladies parmi les condamnés. »

« Le compte du médecin qui s'élevait de 200 à 320 Piastres par quartier, est maintenant réduit à 40 au plus. » (*Duc de Liancourt*).

Dans les quatre années qui ont précédé les changemens mentionnés, il s'était échappé 104 prisonniers (Bradfort). Dans les quatre qui ont suivi, si l'on en excepte le jour où le changement fut introduit, il ne s'en est pas échappé un seul.

Mais le résultat le plus efficace et le plus remarquable opéré par ces changemens, est la diminution du nombre des crimes aussi-bien que du degré d'atrocité de ceux qui ont encore été commis. C'est encore le Duc de Liancourt qui nous fournit le tableau suivant.

CRIMES.	De Janvier 1787 à Juin 1791, sous l'ancien système.	De Juin 1791 à Mars 1795 sous le système actuel.
Meurtre.	9	o
Homicide.	o	5
Vol de grand chemin.	37	3
Vol avec effraction.	77	16
Vol.	374	163
Faux.	5	10
Fausse-monnaie.	6	4
Délit correctionnel, 1.er degré. . .	4	3
idem. 2.me degré.	13	1
Recèlement, au 1.er degré.	26	1
idem. au 2.me degré. . . .	6	5
Vol de chevaux.	10	27
Escroquerie.	3	3
Bigamie.	1	o
Tentatives de meurtre.	6	o
Retraite donnée à des condamnés.	5	o
Maison de prostitution.	10	2
	592	243

M. Turnbull *donne le résumé suivant des crimes les plus graves.*

CRIMES.	Sous l'anc.^{e} syst.^{me} dans la ville et le comté.	Sous le nouveau syst.^{e} dans tout l'Etat
Vol avec effraction.	77	16
Vol de grand chemin.	39	5
Meurtre.	9	o
Incendie.	3	1
Viol.	o	1
Bigamie.	1	1
	129	24

Il est important d'observer que pendant les quatre premières de ces huit années , les prisons ne contenaient que les condamnés de la ville et du comté de Philadelphie , et que dans les quatre dernières elles ont reçu en outre ceux de toute la Pensylvanie.

La comparaison entre le nombre des personnes qui subissaient la prison pour la seconde fois dans chacune de ces périodes n'est pas moins frappante. Dans la première , sur 594 crimes , 346 avaient pour auteurs 184 coupables (Bradfort) , c'est-à-dire , que plus de 40 prisonniers sur cent , tombaient en récidive et étaient de nouveau emprisonnés. Dans la seconde période , on n'a vu revenir en prison que deux prisonniers sur cent (Duc de Liancourt). Il parait cependant que cette proportion s'est accrue et que l'on considère cinq pour cent comme la moyenne actuelle.

Voici encore quelques faits publiés d'abord sur l'autorité de M. Caleb Lownes , comme exemples des effets produits par le nouveau système ; je les rappelle ici quoiqu'ils soient fort connus du public , en faveur de ceux de mes lecteurs qui pourraient les ignorer encore.

A l'époque de la fièvre jaune de 1793 , comme on ne trouvait qu'avec beaucoup de peine des infirmiers et des domestiques , pour servir les malades de l'hôpital de Bush-Hill, on s'adressa à la prison pour en demander, et quoique l'on ne voulût point cacher aux condamnés l'étendue du danger qu'ils couraient ; ils s'en présenta volontairement un nombre suffisant. Tous s'acquittèrent fidèlement de leur tâche, jusqu'à ce que ce terrible fléau fut apaisé ; acun ne demanda à être soulagé de son service, avant le moment où l'on put les renvoyer tous.

Un homme avait été condamné pour vol avec effraction à une détention de sept ans ; lorsqu'on lui proposa ce service, il dit qu'en expiation de l'offense qu'il avait commise envers la société, il serait heureux de pouvoir lui être utile, et que si on voulait bien se fier à lui, il irait avec joie. Il fut admis ; pendant son séjour à l'hôpital il n'en sortit qu'une seule fois, avec permission, pour acheter quelque chose en ville. Sa conduite fut si remarquable qu'elle attira l'attention des administrateurs, qui lui donnèrent la charge de sous-intendant, et lui confièrent l'inspection des portes ; il devait veiller à ce qu'aucune personne suspecte ou aucune chose défendue ne s'introduisît dans l'hôpital, maintenir l'ordre au dedans et au dehors de la maison, et empêcher qu'on n'en sortît rien contre la règle. On lui avait assigné un salaire, mais on lui donna de plus une gratification ; à l'époque de sa mise en liberté, il a épousé une des infirmières.

Un condamné pour vol fut employé à transporter les provisions que déposaient pour l'usage des pauvres, dans un lieu voisin de la ville, ceux qui craignaient d'y pénétrer. Il fut seul chargé de cet emploi, pendant toute la durée de la maladie, et quoique sa détention dût se prolonger plusieurs années, et qu'il eût pu à chaque instant s'en aller en emmenant cheval, char et provisions, il eut horreur d'un tel abus de confiance, et retourna en prison. Bientôt après il obtint sa grâce, avec des témoignages d'approbation de la part des inspecteurs.

Les femmes fournirent pendant cette maladie un autre exemple des bonnes dispositions qui régnaient parmi les prisonniers. Lorsqu'on leur demanda leurs bois de lit pour les malades de l'hôpital, *elles offrirent de bon cœur* de donner même leurs matelas et leurs couvertures. Une requête semblable ayant été faite aux prisonniers pour dettes, *tous refusèrent.*

Un criminel qui avait fait partie de l'une de ces terribles bandes qui ont pendant si long-temps infesté le voisinage de Philadelphie avant l'amélioration du système des prisons, fit appeler au moment de son élargissement l'un des inspecteurs, et lui dit : « J'ai désiré vous remercier de la douceur dont vous avez usé envers moi pendant ma détention, et m'acquitter de l'un de mes devoirs envers la société, du seul que je puisse remplir dans ce moment. Vous savez à quel point ma conduite et mes dispositions ont été déréglées et coupables ; ce que je vais vous dire aurait donc peu d'autorité, si je n'étais pas maintenant en liberté. Continuez à suivre le plan que vous avez adopté, et vous n'aurez bientôt plus de brigands à punir. » Il exposa alors la manière de voir et de sentir de ceux qui ont adopté un pareil genre de vie, et les projets qui les occupent. Il dit que la certitude de leur condamnation et celle de l'exécution d'une sentence qui les soumettrait à des privations, à la tempérance, à l'ordre, au travail, les effrayait plus que tout ce que l'on avait fait jusque là dans ce but. Il ajouta en partant, que bien sûrement il ne donnerait plus aucune peine aux inspecteurs ; et il a tenu parole.

MAISON DE CORRECTION

DE MILLBANK (1).

———

CETTE maison de correction pour la construction de laquelle on a assigné une somme de 400,000 liv. est située dans un bas-fonds.

Les fondations ayant été mal faites, deux tours menaçaient ruine, et on les a démolies ; on a quelques craintes pour les deux autres.

Il était nécessaire de faire mention de ces accidens, parce qu'ils ont occasionné des dépenses considérables, qui ne doivent pas être confondues avec celles qui sont inséparables du système, et faire

(1) Je l'ai visitée le 26 décembre 1817 avec Mr S. Hoare le jeune et le 21 février 1818 avec Mr W. Allen. J'ai lu ce rapport avec le concierge, en le priant de me faire remarquer les méprises que j'aurais pu faire.

Cette prison a été construite sur un plan manifestement trop coûteux pour pouvoir être imité. Les dépenses qui y ont été faites ont tenu à diverses circonstances particulières et ne sont pas du tout nécessaires dans une construction mieux entendue.   F. C.

4

naître par-là des préventions contre l'établissement. Car il est évident qu'on ne peut attribuer au plan de construction les fautes commises dans le choix de la localité : au reste on a pris à l'égard des nouveaux bâtimens des précautions qui les mettent à l'abri de tout danger.

A son arrivée, tout prisonnier est conduit dans la chambre d'admission, où il est visité par le chirurgien, et mis ensuite dans un bain ; on brûle ses habits s'ils sont mauvais ; s'ils ont encore quelque valeur, on porte le produit de leur vente à son crédit dans un livre de compte.

Le nouveau venu est alors mis au nombre des prisonniers de la première classe; pendant qu'il reste dans cette division, il travaille dans sa cellule où il passe la nuit et où il n'a aucune communication avec les autres prisonniers.

En entrant dans la seconde classe il commence à travailler dans une plus grande chambre et en compagnie.

Tout prisonnier de première classe peut en se conduisant bien, être placé dans la seconde. Et tous ceux de la seconde classe s'exposent en se conduisant mal, à être renvoyés dans la première.

Un règlement fait dans le même esprit détermine une diminution dans la durée de sa détention, en faveur de ceux sur lesquels le comité fait un rapport favorable.

Il y a environ 9 heures de travail, dont le produit se partage de la manière suivante ; sur 20 schellings.

		schellings.
L'établissement a	15	
Le prisonnier	2	6
Le chef-d'atelier		10
Le maître ouvrier du pentagone . .		10
Le guichetier du pentagone		10
		20 sch.

Le prisonnier est crédité de la portion qui le concerne, et elle est mise en réserve pour l'époque de son départ ; il reçoit alors un état de son compte.

Le chef-d'atelier est un homme entendu dans les divers genres de fabrication introduits dans la prison ; il dirige l'achat des matières premières, et les a sous sa garde ; c'est aussi lui qui reçoit des prisonniers les objets manufacturés, et qui est responsable de tout ce qui viendrait à manquer.

Chaque pentagone est sous la direction d'un maître ouvrier qui surveille l'ouvrage des prisonniers et qui instruit ceux qui ne connaissent pas encore leur métier.

Il y a un costume affecté aux prisonniers, et ce costume est différent selon les classes.

La ration journalière est une livre et demie de pain, une livre de pommes de terre, une pinte de soupe chaude à déjeûner, et autant à souper, et tantôt six onces de grosse viande bouillie et sans os ; tantôt une chopine d'excellent bouillon épaissi avec des légumes.

Les prisonniers peuvent voir leurs amis en présence de l'un des employés de la prison. Mais pour cela il faut un ordre du comité, qui ne le donne qu'à la demande collective du chapelain et du concierge, et sur l'assurance que le requérant mérite cette faveur.

On donne à chaque prisonnier, outre sa part au produit de son travail, les vêtemens et les outils qui lui sont nécessaires, ou bien une somme de 5 liv. en argent ; il reçoit même en outre dans quelques cas et lorsque sa conduite le mérite, une gratification à la fin de l'année.

Les fonctions du chapelain consistent à faire le service liturgique et à prêcher deux fois chaque dimanche ; à lire des prières chaque jour dans les infirmeries ; il doit en outre chercher à acquérir une connaissance intime du caractère et des dispositions de chacun des prisonniers, et consacrer à leur instruction religieuse une grande partie de son temps.

C'est lui qui est chargé de surveiller leurs progrès dans la lecture et dans l'écriture ; de leur procurer les traités et les livres convenables. Ces devoirs variés et importans sont, j'ai lieu de le croire, fidèlement remplis.

C'est au chapelain que nous fîmes notre première visite. Il nous donna des détails satisfaisans

sur les effets du système qu'on suit dans la maison.
Il a vu un amendement sensible chez plusieurs prisonniers, et il n'en est pas un qui n'ait gagné quelque chose.

La veille (jour de Noël), il avait donné la Ste-
Cène à 50 prisonniers qu'il regardait tous comme
admissibles; il l'avait refusée aux autres.

Ses rapports avec les prisonniers l'ont amené à
penser que l'état général de nos prisons est l'une des
principales causes des progrès de la corruption.

Ils lui ont raconté les horribles scènes dont ils
avaient été les témoins, les propos qu'ils entendaient
et les mauvais exemples auxquels ils étaient exposés;
et il a conclu des renseignemens qu'il en a reçus,
que ceux qui entraient dans la plupart de nos prisons sans être corrompus, ne pouvaient presque pas
éviter de le devenir avant d'en sortir.

Le concierge nous a confirmé ce que nous avait
dit le chapelain sur l'amendement des prisonniers,
et nous a cité le propos d'un homme mis en liberté
depuis peu, qui disait qu'il avait passé quatre ans
à New-Gate; mais qu'il n'avait su combien il y
était mal, que depuis qu'il était entré à Millbank.

Le concierge m'a dit, que son grand secret était
l'occupation, que le travail était l'âme de sa police,
que lorsque les prisonniers étaient occupés ils avaient
de la décence dans leur conduite et dans leurs discours; mais que dès qu'ils manquaient d'ouvrage,
ils étaient prêts à tomber en faute; en un mot, une

expérience prolongée lui a montré, qu'au moment où le travail finissait, la partie pénible de ses fonctions commençait.

Les femmes étaient toutes occupées, soit à la cuisine, soit à laver ou à repasser, soit à divers travaux à l'aiguille. Elles gagnent environ six livres st. par an; leur conduite prouve en faveur des effets de l'occupation, combinée avec l'instruction religieuse.

Ceux des hommes que j'ai vus à l'ouvrage, étaient ou cordonniers, ou tailleurs, ou charpentiers; quelques-uns tissaient des tapis; un ou deux apprenaient à scier.

Le chirurgien qui visite la prison chaque jour, nous fit un rapport très-satisfaisant de la santé des prisonniers : leur aspect justifie ce rapport. Il attribue leur bien-être à la régularité de leur régime et de leurs habitudes, aux soins de propreté, et à l'exclusion des liqueurs fortes.

Toutes les parties de l'édifice sont remarquablement propres, et il n'y a aucune mauvaise odeur.

Dans la première édition de ce livre, je m'affligeais d'avoir trouvé les deux tiers des hommes et des enfans sans occupation. Je sentais que la durée de ce mal, non-seulement empêcherait la réussite de cette tentative de réforme des prisonniers, mais qu'encore on se dégoûterait d'en faire de nouvelles : et c'est cette impression pénible qui m'a fait dire : « Je regarde la maison de correction de

Millbank comme une grande expérience nationale sur les effets d'une occupation régulière chez l'homme corrompu ; mais si le travail y manque, ce sera l'expérience des effets de l'oisiveté. »

Il est essentiel que tous ceux qui y viennent sans savoir de métier, en apprennent un, et qu'on s'en tienne invariablement à celui-là. Il faut que l'on soit obligé de travailler, ou le système est détruit, et on renouvellera toutes les absurdités des anciennes méthodes, les condamnations aux travaux forcés dans des prisons où il n'y a rien à faire, des maisons de correction où tout est corruption, en s'appuyant du défaut de réussite de cette grande et coûteuse tentative.

Je suis loin cependant de penser que l'on soit obligé d'en venir à la contrainte. J'ai demandé à un grand nombre de prisonniers s'ils désiraient travailler, et je les ai toujours entendu se plaindre de ce qu'ils n'avaient rien à faire.

Le concierge menaça en ma présence un prisonnier de lui retirer son ouvrage, et me dit ensuite, que l'exécution de cette menace eût été la punition la plus sévère qu'il pût lui infliger.

A Gand, à Philadelphie, à Bury, dans la prison des femmes de New-Gate, à Millbank même, dans le quartier des femmes, tous travaillent et regardent comme un privilége de pouvoir le faire.

Mais, objectera-t-on, il n'est pas dit que l'on puisse

leur procurer l'ouvrage convenable (1). J'ai vu un grand nombre d'enfans dans l'asile des délaissés; là moyenne de ce qu'ils gagnaient en faisant des souliers, des paniers, et des vêtemens, s'élevait à la fin de la première année à six schellings par semaine; à la fin de la seconde à 12 schellings, et à la fin de la troisième à 18 schellings. Dans la cinquième, ils gagnent tout ce que peut gagner un ouvrier.

Voici un exemple encore plus remarquable. Il n'est peut-être pas d'époque où le travail fut plus rare ou plus mal payé, et nulle part en Angleterre, cette disette ne s'est fait sentir plus sévèrement qu'à Spitalfields (quartier de Londres où sont les manufactures de soie). La détresse fut telle que l'on ne put y admettre dans la maison de travail, que ceux qui manquaient tout-à-fait de ressources. Les hommes en furent presque entièrement exclus et elle se remplit surtout de veuves et de leurs nombreuses familles, de femmes près de leurs couches, d'imbéciles, d'enfans, de malades, d'infirmes et de vieillards.

(1) Refuge for the Destitute. C'est un établissement qui a été fondé à Londres pour y recueillir tous ceux qui ayant perdu leur réputation et leurs moyens d'existence, désirent rentrer un jour dans la Société. Ils y apprennent un métier, et y reçoivent tous les soins d'éducation qui peuvent contribuer à leur réforme.

Le nombre moyen des habitans de cette maison
de travail fut de 470, dont

Personnes en état de travailler. 140

Domestiques et gardes-malades. 40

Personnes hors d'état de travailler par leur
âge ou par leurs infirmités. 200

Imbéciles et enfans. 90

$$\overline{470}$$

La somme des gains s'est élevée à £. 906 14 3

En déduisant la portion réservée aux
pauvres sur leurs gains, et celle qui
est assignée aux employés de la maison, ... 218 4

Il reste. 688 10 3

Si l'on considère, que la plupart des ouvriers
étaient des gens plus ou moins invalides, et que les
administrateurs bénévoles de cet établissement, ne
jouissaient pas de l'avantage de travailler pour le
gouvernement; ce résultat prouvera que le moyen
le plus efficace de procurer suffisamment d'ouvrage
à la maison de correction est une industrie active,
qui est ingénieuse à correspondre aux besoins du
public, dans le choix des objets manufacturés.

Supposons même pour un moment que tandis
que les infirmes de Spitalfied, sont capables d'un
travail *productif*, les habitans jeunes et vigoureux
de Millbank ne le fussent pas; encore faudrait-il
avoir recours à un travail *improductif*. Il importe

peu à l'état que l'on gagne mille livres sterling de plus ou de moins dans cette prison ; mais ce qui importe vraiment, c'est que l'expérience soit faite d'une manière concluante.

En conséquence, je supplie les administrateurs de cet établissement de diriger tous leurs efforts vers ce point et de considérer l'occupation constante de tout prisonnier, comme une mesure dont les suites devront être décisives.

La chute ou le succès de ce plan, à la réussite duquel se lie si intimément la cause de l'humanité si chère aux âmes bienveillantes qui l'ont conçu, dépendent de leur conduite à cet égard. Si les prisonniers à leur sortie n'ont fait d'autre apprentissage que celui de la paresse, loin d'être corrigés, ils rentreront dans la société, affermis dans des habitudes qui les conduiront inévitablement au crime. Il serait douloureux de voir nos prisons se remplir de nouveau de ces mêmes coupables, pour l'amélioration desquels tant de travaux et de dépenses auraient été faites en vain ; mais ce n'est pas là le plus grand mal qui en résulterait. La cause des prisons en souffrirait. Cet établissement fastueux serait une objection perpétuelle contre les argumens de ceux qui voudraient proposer des améliorations. Je dois donc, tandis qu'il en est temps, protester contre l'argument que l'on voudrait tirer de cette expérience pour ou contre le système qui est suivi dans cette maison de correction, tant que cette expérience ne sera pas bien faite.

Ces observations, vraies en elles-mêmes, ne sont plus applicables à la maison de correction de Millbank: je l'ai vue de nouveau le 16 mai 1818, et j'ai trouvé à très-peu d'exception près tous les prisonniers occupés.

Je suis loin de m'attribuer quelque part dans ce changement ; il est probable qu'il aurait eu lieu indépendamment de mes observations, car j'ai trouvé dans l'homme sur lequel repose la principale direction de cet établissement des vues parfaitement semblables aux miennes sur la discipline des prisons, et une conviction tout aussi profonde que la mienne de la vanité de toute espérance de réforme dans les maisons de détention, si elle n'était pas fondée sur l'emploi d'un travail soutenu.

Si l'on a d'abord manqué de travail, cela paraît avoir tenu à ce que l'établissement était encore dans son enfance. Maintenant cette difficulté est levée, et le comité, dans son rapport au parlement, annonce qu'il paraît sans aucun doute, que lorsque le système de manufacture sera pleinement en activité, la plupart des prisonniers hommes gagneront assez pour indemniser de leur nourriture et de leurs vêtemens. Ce n'est pas à moi à anticiper sur les résultats de cet essai. Une longue expérience pourra seule faire apprécier son mérite ; il est commencé depuis trop peu de temps pour que l'on puisse en attendre des exemples d'une réforme complète et durable. Mais au moins y a-t-il déjà à se réjouir de ce qu'il s'y manifeste des symptômes frappans de régénération.

J'y ai vu un jeune garçon que j'avais connu à New-Gate, où il se retrouvait à toutes les sessions; et montrait le caractère le plus fâcheux par sa méchanceté et sa violence. Je me rappelle la compassion qu'il m'inspirait, persuadé comme je l'étais, qu'une discipline judicieuse pourrait le sauver ; tandis que dans les circonstances où il se trouvait, soit qu'il fût en prison, il était placé dans le réceptacle de la corruption et du vice, soit qu'il en fût sorti, il était hors d'état de se procurer une existence honnête ; je ne pouvais donc voir en lui qu'un malheureux destiné à la potence. Cette destinée, je m'assure du moins, a été éloignée de lui. Il est depuis trois mois à Millbank : déjà il me racontait avec un retour d'estime sur lui-même, qu'il était en état de faire une paire de souliers, qu'il gagnait de 3 à 4 schellings par semaine. Et quant à ses dispositions, il s'en référait à ses supérieurs. J'ai appris du maître ouvrier, qu'il était tranquille, attentif et appliqué ; et le chapelain m'a parlé de lui comme d'un jeune homme qui lui donnait de grandes espérances.

Je dois avouer qu'il est plusieurs points sur lesquels je ne suis pas d'accord avec les directeurs de cet établissement. Je regarde la construction du bâtiment comme défectueuse sous le rapport de la facilité de surveillance, et je crois que les réglemens ne stimulent pas assez au travail, que le régime est trop abondant, le temps de la récréation, trop court.

Mais ce sont là des différences qui tiennent uniquement au mode d'exécution de principes également reconnus et adoptés.

En rendant ici volontairement témoignage du grand changement survenu dans cet établissement à l'égard du travail et au maintien des mesures qui rendent cette prison si remarquable par la propreté et par le bon ordre qui y règne, il me sera permis de différer avec ses administrateurs sur des objets d'une moindre importance.

Premièrement. Le bâtiment est trop somptueux, il est bâti sur une échelle à laquelle on ne pourra jamais atteindre. Cet établissement devait servir de modèle dans le pays, il devait fournir un exemple des moyens par lesquels on pouvait parvenir à la réforme des prisonniers ; mais y a-t-il dans les trois royaumes quelque ville ou quelque comté qui fût en état de prendre la maison de correction de Millbank pour modèle, et qui ne fût pas forcé d'abandonner un plan qui entraînerait de si énormes dépenses ? Une des circonstances qui a considérablement renchéri cette construction est la division de chaque pentagone en un grand nombre de salles de travail. On a supposé que les prisonniers travailleraient mieux dans de petites que dans de grandes salles. Si l'on parvenait à prouver que cette opinion n'est pas fondée, il n'est pas douteux que la diminution dans le nombre des clôtures n'en occasionnât une dans les frais, et que l'on n'y gagnât en outre beaucoup plus de place; en un mot, que le bâtiment ne coûtât moins, et ne contînt un plus grand nombre de prisonniers. La prison de Gand résout cette question : les détenus y sont réunis en très-grand nombre pour le travail, et il serait impossible d'exiger d'eux plus d'assiduité et plus de silence. Le moyen de discipline est très-simple; on retranche le travail à tout homme qui laisse voir de la paresse, et l'on condamne à la solitude celui qui n'observe pas le silence.

En second lieu. Il faut que les prisonniers puissent séjourner plus d'une heure en plein air chaque jour. On doit leur procurer hors des ateliers quelqu'ouvrage pénible; sans cela, après quatre ou cinq ans de détention ils seraient trop sensibles aux impressions de l'air, et deviendraient incapables de tout autre travail que d'un travail sédentaire.

En troisième lieu. L'intérêt que le prisonnier a au produit de son travail, n'est pas assez immédiat. Dans le mode adopté à Millbank, il accomplit sa détention tout entière avant d'être appelé à jouir de ce produit, et pendant la durée longue et monotone de sa prison, rien ne vient exciter ou ranimer son industrie.

Lorsqu'on fait des règlemens, il est manifestement de la prudence, d'avoir égard au caractère de ceux auxquels ils sont destinés. Quel est le caractère des hommes qui habitent une maison de correction ? sont-ils gens à calculer sur des avantages éloignés, ont-ils cette disposition des esprits sensés qui les met en état de résister aux attraits de l'oisiveté par la perspective d'en être récompensés dans la suite ! Ou plutôt ne sont-ils pas enclins à se livrer à l'impulsion du moment , n'ont-ils pas jusque là sacrifié l'avenir au présent, et même n'est-ce pas pour l'avoir fait qu'ils se trouvent détenus ? Nos prisons seraient-elles encombrées comme elles le sont , si avant de commettre le crime , chaque détenu en avait pesé mûrement les avantages et les suites, et s'il s'était décidé en conséquence de cet examen ? certainement il n'en serait pas ainsi.

Les criminels sont en général des hommes aux passions énergiques , et qui savent peu réfléchir. Le présent est tout pour eux , et si vous voulez agir sur leur esprit , il faut leur offrir des jouissances prochaines. Leurs habitudes de paresse sont profondément enracinées , l'influence de ces habitudes est de tous les instans. Votre désir est - il de les extirper ; employez donc des moyens qui aient un attrait puissant et dont l'action soit immédiate.

Un prisonnier qui a perdu dès long-temps l'habitude du travail , est assis à son ouvrage ; vous le voyez qui travaille lâchement , et vous essayez de raisonner avec sa paresse. Vous lui dites que s'il travaille de bon courage ce jour-là il sera plus riche de six sols au bout de cinq années, mais croyez-vous de produire quelqu'impression sur lui? L'attrait d'une espérance si lointaine l'emportera-t-il sur son penchant à l'indolence ? Si vous conservez quelque doute sur le résultat de ces motifs, prenez-vous-y d'une autre manière ; dites-lui que s'il travaille avec courage ce jour-là, il aura le soir même plus d'argent pour envoyer à sa famille, ou pour se procurer à lui-même quelque jouissance. Vous lui présenterez alors un motif qu'il peut exactement apprécier, et il est probable que la récompense immédiate proposée à son industrie, l'emportera sur l'attrait de la paresse.

J'avance cette opinion avec d'autant plus de confiance, que les motifs qui dirigent les actions d'une grande partie des hommes viennent tristement à leur appui. Combien d'entr'eux qui voient clairement qu'ils ne peuvent satisfaire aux convoitises de leurs sens, sans compromettre leur bonheur éternel, et qui cependant poursuivent avec avidité les jouissances de la vie présente, quoiqu'ils ne se les procurent qu'à un si haut prix.

Pour que l'activité d'un prisonnier soit stimulée, il faut absolument qu'il ait une part au bénéfice de son travail. Nous sommes d'accord sur ce point ; mais nous différons sur l'époque où cette part doit lui être remise. J'admets qu'il doit être fait une retenue destinée au moment du départ ; la petite somme qui en résultera, mettra le prisonnier en état de retourner chez lui, de se procurer les instrumens de son travail et de s'entretenir jusqu'à ce qu'il trouve de l'ouvrage : il sera par-là à l'abri

de

de la nécessité de recourir à ses anciennes pratiques pour subsister. Mais j'estime qu'il est tout aussi nécessaire qu'une partie de son gain lui soit remise pour être employée immédiatement. C'est le *désir du travail* que l'on veut inspirer , il faut donc le rendre agréable en en faisant un moyen d'augmenter les jouissances et les commodités de la vie.

Les trois meilleures prisons que j'aie vues sont celles de Gand , de Bury et d'Ilchester ; dans chacune d'elles une partie de la somme qui est assignée au prisonnier sur son travail, lui est réservée jusqu'à son départ, mais l'autre partie lui est remise pour les dépenses du moment.

Peu de temps après avoir vu Millbank, je reçus la visite du concierge de Bury ; il me raconta qu'ayant quitté la veille à cinq heures du matin la prison qu'il dirige, il avait vu 34 rouets qui étaient en activité dès cette heure matinale ; les prisonniers lui avaient demandé la permission de transporter leur attirail dans leurs cellules afin de pouvoir se livrer au travail avant l'heure fixée.

Ils en étaient donc venus à regarder le travail moins comme une obligation que comme une faveur et une récompense de leur bonne conduite. Après qu'il eut vu la maison de correction de Millbank, je lui demandai quelles il pensait que seraient les conséquences des règlemens qui y sont suivis, s'ils étaient admis à Bury. Il me répondit que tous les rouets seraient arrêtés. On ne doit

pas croire cependant que j'entende que les prisonniers de Millbanck en viendront à refuser le travail,
mais bien, qu'ils ne travailleront que pendant le
temps fixé pour cela , et que tout stimulant actuel
leur manquant, ils le feront avec langueur et sans
assiduité.

Si les objections que j'ai faites ont quelque solidité, il est facile d'y pourvoir. Le régime est manifestement trop bon ; en le réduisant de beaucoup ,
il demeurerait encore suffisant ; on pourrait sans
inconvénient supprimer la ration de viande , ce
qui serait une économie pour l'établissement, et
employer alors cette somme, et peut-être une partie
de ce qui est mis en réserve pour l'usage à venir
du prisonnier, à récompenser chaque semaine son
industrie. S'il voulait avoir de la viande ou quelqu'autre chose qui lui fût agréable , il l'achèterait
lui-même ; une meilleure nourriture serait la conséquence naturelle d'un travail plus assidu. Je
le répète , ou je serais bien trompé , ou l'homme
qui trouvera à son dîner et à son souper le résultat
du travail de la matinée , travaillera avec plus de
plaisir et plus d'activité que celui qui ne devra
jouir qu'au bout de cinq ans de ce même résultat.

PRISON D'ILCHESTER.

Cette prison est dans une position salubre ; *la plupart des bâtimens qui la composent ont été construits par les prisonniers eux-mêmes, sans le secours d'aucun autré ouvrier, et cette partie des constructions est à la fois la plus propre et la plus solide.* Cette heureuse idée a valu une économie considérable au comté, et a certainement occasionné un changement essentiel dans l'état des prisonniers ; leur bonne conduite pendant ces travaux, et l'habileté qu'ils ont acquise dans tous les arts nécessaires à la construction d'un bâtiment, laissent concevoir l'espérance qu'étant rendus à la liberté, ils ne retourneront pas à leur premier train, mais qu'ils conserveront les habitudes d'industrie, et les moyens de gagner honnêtement leur vie, qu'ils auront acquis pendant leur détention. On ne peut qu'admirer des dispositions qui en employant les prisonniers à la construction de leur propre prison, et à prévenir la possibilité de leur évasion, agrandissent l'enceinte destinée à ces malheureux, par des moyens qui diminuent le nombre de ceux qui viendront l'habiter dans la suite.

Indépendamment des constructions qui ont oc-

cupé un bon nombre de maçons , d'ouvriers en
briques, de charpentiers, de vernisseurs, plusieurs
manufactures dont les produits sont considérables
fournissent de l'occupation aux autres prisonniers.
Toutes les parties dont se compose le vêtement ,
sont fabriquées dans la prison. J'y ai vu des magasins
remplis d'objets de toute espèce, comme bonnets,
chemises grossières, vestes , gilets, culottes, bas,
souliers et matelas , draps de lit, etc. Chacune de
ces nombreuses branches d'industrie leur fournit plus
ou moins d'occupation ; et l'on en conserve la connaissance dans la prison , en mettant les nouveaux
venus en apprentissage auprès de ouvriers les plus
habiles.

J'ai suivi avec intérêt tous les procédés par lesquels
la laine brute est convertie en vêtemens , et cela
sans sortir d'une cour qui fait partie de l'enceinte
de la prison. Elle passe successivement dans six
ateliers, pour être lavée , teinte , cardée, filée ,
convertie en étoffe grossière, et alors misé en œuvre
par les tailleurs.

La chambre du blanchissage est comparable et
peut aller de pair avec ce qu'il y a de mieux en
Angleterre dans ce genre ; les détenues y sont occupées à laver le linge de la semaine , à coudre
les vêtemens qu'elles portent et ceux des prisonnières
de Bridewell.

Dans une autre partie de la prison, je trouvai un
jeune homme de dix-sept ans qui attira mon atten-

tion par sa ressemblance avec un prisonnier de son âge que j'avais connu à Newgate. J'appris qu'il y était depuis huit mois, qu'à son arrivée il ne savait presque rien, qu'actuellement il était en état de tisser une couverture sans le secours d'aucun aide, et qu'à l'époque de sa sortie il serait un ouvrier consommé. Il a aussi appris à lire et à écrire, et à se plier à la règle, ce qui est plus difficile que ne le penseront ceux qui connaissent peu les prisons, et qui ne savent pas qu'un grand nombre de détenus y prennent au contraire un caractère turbulant et opiniâtre, qui se refuse à toute espèce de contrainte.

Si comme cela est arrivé au malheureux dont il m'a rappelé les traits, il eût été détenu dans quelqu'une des prisons de la métropole, il se fût perfectionné dans la méthode de tromper avec adresse, il eût étendu le cercle de ses honteuses relations, ajouté leur science infernale à sa propre science, et enfin il aurait été relancé dans le monde, plus adonné au crime, parce qu'il eût été plus enraciné dans la paresse, et plus dangereux que jamais, parce qu'il eût été plus habile.

Supposons un moment, qu'avant leur entrée en prison ces deux jeunes gens, placés dans les mêmes circonstances, eussent de plus un caractère et des habitudes semblables et un penchant égal pour le mal. Le moraliste le moins hardi dans ses calculs, devra s'attendre à la réforme permanente de l'un des deux, et quant à l'autre, il devra regarder comme à peine possible qu'il ne devienne infiniment pire.

J'ai dit qu'il était intéressant de voir tous les procédés par lesquels la laine est convertie en vêtemens faits dans l'enceinte d'une prison, mais il faudrait être aveugle pour ne pas s'apercevoir qu'un résultat d'un ordre bien supérieur, se lie intimément à celui-là; je veux parler d'un changement dans le cœur et dans les inclinations, d'une conversion de ces principes grossiers, de ces habitudes vicieuses, qui caractérisent l'homme qui est la terreur de ce qui l'entoure, en des principes et des habitudes qui constituent le citoyen utile et industrieux, le membre honorable d'une société civile. Il est certain que le détenu doit quitter cette prison plus en état de mener une vie laborieuse et décente, et mieux disposé pour cela. Il est probable qu'il la quittera plus industrieux, et par conséquent plus honnête.

Il est possible encore que dans la solitude de la nuit, et pendant les travaux réguliers du jour, il ait pu se pénétrer de l'énormité de ses fautes, et se repentir d'avoir offensé et son prochain et son Dieu.

L'école où les jeunes garçons apprennent à lire et à écrire, est séparée de celles des hommes; ceux de ces derniers qui entrent en prison sans posséder ces talens utiles, les y acquièrent. J'ai vu le cahier

d'un homme qui il y a six mois ne savait pas former une lettre, et qui maintenant écrit mieux que cela
n'est nécessaire pour l'usage journalier de la vie.

Une retenue sur la valeur du travail de chaque
prisonnier lui appartient en propre, et lui est remise en partie chaque semaine, et en partie à
l'époque de son départ.

Les hommes retirent en moyenne 18 sous de Fr.
par semaine, et 9 sous passent au fonds de réserve.
Les plus habiles et ceux dont la conduite mérite
des encouragemens, reçoivent 48 sous par semaine,
dont une moitié est délivrée comptant, et l'autre, à
l'expiration de leur sentence.

Lorsqu'un prisonnier se rend coupable de quelque négligence dans son ouvrage ou de quelque
autre désordre, on suspend la retenue faite en sa
faveur, jusqu'à ce qu'il ait donné des preuves de
repentir et d'amendement. On autorise quelques
marchands de la ville à mettre en vente divers
objets dans la prison, mais cela n'a lieu qu'à des
heures marquées et sous l'inspection immédiate du
géolier, ensorte qu'il ne peut rien être apporté
d'inconvenant.

Nous devons avouer que la prison d'Ilchester est
défectueuse sous le rapport des moyens d'inspection. La maison du concierge n'a pas vue sur les
différentes cours, sur les ateliers et sur les chambres de récréation (objet qui est d'une haute importance, et auquel il faut avoir égard dans la cons-

truction de toute prison nouvelle). Le rire éclatant et la conversation bruyante des prisonniers pendant l'heure de la récréation, semblent indiquer que le défaut de facilité dans la surveillance, n'est pas sans un inconvénient actuel. A cette seule exception près, cette prison est excellente.

« Je vois », disait le chef-d'atelier, « que l'esprit de l'homme doit être occupé ; s'il n'est pas fixé à quelque chose de bon , il sera sûrement entraîné à quelque chose de mauvais. C'est sur cette maxime pleine de vérité que tout repose dans cette prison. Tout condamné y est sans cesse occupé. » « Nous sommes dans l'habitude, » écrivait le géolier aux magistrats de Norfolk, « de procurer aux prisonniers toute espèce d'ouvrage , sachant par expérience que jamais l'ordre n'est plus facile à maintenir dans notre prison, que lorsque tout le monde y a de l'occupation. »

D'où résulte qu'on ne voit dans cette maison de détention, ni malpropreté, ni désordre, ni tumulte , rien enfin qui fût déplacé dans la manufacture la plus paisible et la mieux réglée.

Il y a dans la manière d'être des prisonniers quelque chose qui frappe au premier coup-d'œil, quoiqu'il ne soit pas facile de dire ce que c'est , et qui peut servir à juger avec certitude de l'état dans lequel ils se trouvent.

Dans une prison où ils sont sans travail et mal inspectés , leur principe d'action semble être un sombre désespoir ; sans avoir l'intention d'offenser ceux qui les visitent, il les accablent de plaintes grossières et importunes , et se livrent même dans les efforts qu'ils font pour éveiller la compassion , à la licence dont ils ont contracté l'habitude.

Partout au contraire où l'on a admis un système de discipline judicieux, on observe chez les prisonniers quelque chose de respectueux et de soumis dans leurs manières, et une politesse douce, silencieuse et qui ne se rend jamais incommode. Il y a une connexion si constante entre certains détails du régime des prisons et l'effet qu'ils produisent dans l'état habituel des prisonniers, que je suis convaincu qu'une personne entendue sur ce point, pourra sur ce quelle apprendra de la conduite des détenus dans une prison quelconque, indiquer les principes qui la gouvernent , et inversément, si elle en connaît les règlemens, elle pourra indiquer l'effet qu'ils auront sur la conduite des prisonniers.

Si ce que je viens d'avancer est vrai, la conclusion à en tirer à l'égard du régime qui est suivi dans la prison d'Ilchester, sera toute à son avantage , car je n'ai vu nulle part une réunion d'hommes d'un extérieur plus décent et plus modeste.

Il est difficile d'en donner des exemples, parce que la civilité consiste moins dans tel ou tel acte particulier, que dans une observation générale des convenances. Je citerai néanmoins le trait suivant. Quarante-six prisonniers étaient dans la chambre où ils venaient de prendre leur récréation ; je me trouvai à la porte au moment où on les appelait au travail ; chacun d'eux en passant devant moi porta la main à son bonnet, pas un seul ne m'adressa la parole.

Dans une prison comme celle-là, le détenu se dépouille pendant plus ou moins de temps des habitudes qui ont probablement amené sa condamnation. S'il était paresseux , il travaille ; s'il était ivrogne , il cesse de faire usage de liqueurs fortes ; s'il était jureur, adonné au jeu, il ne peut plus ni jurer ni jouer.

On a comparé (et je crois que c'est lord Bacon), l'homme à un faisceau d'habitudes ; si de ce faisceau on en tire celles qui sont nuisibles, et qu'à leur place on en introduise de bonnes et d'utiles, il est probable que quoi qu'il arrive le faisceau sera meilleur. Mais indépendamment de ce changement dans les habitudes, le prisonnier acquiert de précieux avantages ; s'il ne sait pas lire, il apprend à lire ; s'il n'a point de moyens de gagner sa vie, il apprend un métier. J'ai écrit au concierge pour lui demander quelques détails précis sur ce dernier objet. Il m'a répondu , que parmi les prisonniers condamnés environ six semaines auparavant, plusieurs étaient déjà en état de tisser assez proprement, et que tous les autres avaient été répartis dans les différens ateliers. Trois jeunes gens de l'âge de 13, 14 et 15 ans , condamnés à la déportation , travaillent avec la perspective que si leur conduite est bonne, on sollicitera leur grâce.

La semaine précédente on avait rendu la liberté à trois hommes qui à leur entrée en prison étaient étrangers à tout travail mécanique, et dont l'un est devenu tisserand, et les deux autres d'assez bons maçons. En supposant que l'un d'eux devienne un membre estimable de la Société, les règlemens pleins de sagesse de cette prison seront pour lui et pour sa famille l'objet d'une reconnaissance éternelle, et ceux qui ont concouru à leur admission, seront heureux de penser qu'en contribuant à augmenter la sûreté de la contrée qu'ils habitent, ils ont aussi détourné un pécheur de ses égaremens, et sauvé une âme de la mort.

Enfin il paraît d'après le journal du médecin, que sur 265 prisonniers qui se trouvaient au mois de mars à Ilchester, il n'y en avait que six de malades.

Et ce qui n'est pas d'une moindre importance, sur cent prisonniers qui en sortent après avoir subi leur détention, il n'y en a pas plus de sept qui y rentrent de nouveau.

Je n'ai pas été assez heureux pour voir le géolier, mais l'aspect de la prison m'a prouvé qu'il mérite toute la confiance des magistrats qui l'emploient, et que ceux-ci remplissent d'une manière distinguée leurs devoirs envers le comté qu'ils administrent.

RAPPORT

SUR LE COMITÉ DES DAMES

A NEW-GATE (1).

Il y a environ quatre ans que Mme Fry alla visiter la prison de New-Gate, en conséquence d'un tableau de la situation de cette prison, qui avait été présenté à la Société des Amis (ou Quakers).

Elle trouva la division du bâtiment destiné aux femmes dans un état dont on ne peut guères donner l'idée. Il y avait environ trois cents femmes dans cette prison ; et pour toutes sortes de crimes : les unes n'avaient pas encore été interrogées, et les autres étaient déjà condamnées à la déportation. Toutes étaient réunies dans les deux chambres et dans les deux cellules qui sont aujourd'hui destinées aux femmes non interrogées, et qui, même pour ce nombre réduit, ne sont point assez spacieuses. Ces trois

(*) Ayant trouvé la relation de Mr Buxton, traduite dans la Bibliothèque universelle, (Litt., Tom 8, p. 367). J'ai profité de ce travail, et j'ai rétabli un petit nombre de passages qui avaient été abrégés. Les personnes qui sont à portée de consulter ce recueil, y liront avec intérêt ce que le Rédacteur, qui a lui-même visité New-Gate, ajoute au récit de Mr Buxton.   F. C.

cents femmes y recevaient leurs parens, leurs connaissances et une multitude d'enfans; elles étaient obligées d'y faire leur cuisine, leurs repas et leur lessive. Elles couchaient à terre, jusqu'au nombre de cent vingt dans une seule pièce, sans matelas, sans même des nattes de paille : plusieurs d'entr'elles étaient à peu près nues. Elle leur vit boire de l'eau-de-vie sans gêne ni retenue, et les plus terribles imprécations étaient sans cesse répétées. Tout était sale et dégoûtant au plus haut degré, et l'odeur était affreuse. Tout le monde craignait d'entrer dans cette prison, et même le gouverneur. Celui-ci insista pour que Mme Fry laissât sa montre dans l'office, l'assurant que sa présence à lui n'empêcherait pas que cette montre ne lui fût arrachée si elle la portait. Elle en vit assez pour se convaincre que tout ce qui est mauvais se trouvait réuni dans cette prison. En m'en rendant compte elle m'a répété à plusieurs reprises : « Tout ce que je te dis n'est qu'une faible représentation de la vérité : la puanteur de l'air, les manières et les expressions féroces de ces femmes entr'elles, et la méchanceté abandonnée de tous ces êtres, ne peuvent absolument pas se décrire. »

Dans cette visite, Mme Fry habilla plusieurs enfans et quelques femmes. Elle leur lut certains passages de la Bible. Elles l'écoutèrent avec assez d'attention et de reconnaissance pour lui persuader qu'on pourrait leur faire beaucoup de bien. Cependant les circonstances l'empêchèrent pendant trois années entières de s'occuper de ce projet.

A la fin de 1816, elle reprit ses visites, et elle trouva le régime amélioré sur plusieurs points : les femmes étaient moins entassées : elles avaient six nouvelles chambres avec trois cellules et une cour; elles étaient pourvues de nattes pour coucher, et on avait établi des grilles pour séparer les externes qui venaient en visites. Malgré ces améliorations, cette prison présentait encore un horrible spectacle. Toutes les femmes étaient occupées ou à jouer aux cartes, ou à lire de mauvais livres, ou à mendier à la grille, ou à se battre pour se partager l'argent qu'on leur donnait; ou rassemblées autour d'une diseuse de bonne aventure, aux prédictions de laquelle elles avaient beaucoup de foi.

Leur plainte sans cesse répétée était de manquer d'ouvrage. Elles disaient que forcées d'être oisives, elles étaient obligées de mal faire. Il convient de citer ici les termes mêmes de Mme Fry : « Je ne » tardai pas à m'apercevoir, » dit-elle, « qu'il était » inutile de rien essayer pour réformer ces femmes » sans leur donner une occupation continuelle : » celles qui étaient paresseuses se confirmaient » dans leur indolence, et celles qui étaient dis- » posées à travailler en perdaient le goût et l'ha- » bitude. En un mot, l'œuvre de la corruption » s'achevait dans cette maison; et j'ai eu l'occasion » de connaître depuis plusieurs cas dans lesquels

» des femmes arrivaient à New-Gate presqu'inno-
» centes, et en sortaient dépravées au dernier
» degré. »

Comme M.me Fry n'avait alors aucune espérance
de procurer du travail à toutes ces femmes, elle
s'occupa principalement d'une trentaine d'enfans
dont la misérable situation l'affecta profondément.
Ils étaient à peu près nus, et semblaient dépérir,
faute de nourriture, d'air et d'exercice ; mais cette
souffrance physique était peut-être là partie la
moins fâcheuse ; car comment attendre quoi que
ce soit de bon d'une éducation faite dans ce réceptacle de la dépravation !

Dès là seconde visite, M.me Fry voulut être
enfermée seule avec ces femmes : elle y passa plusieurs heures. Lorsqu'elle représenta à celles qui
avaient des enfans que la situation de ceux-ci étaient
déplorable et qu'elle avait l'intention d'établir une
école pour eux, sa proposition fut accueillie avec
des larmes de joie, même par les plus dépravées
de ces femmes. Elles dirent qu'elles connaissaient
trop bien les maux qui acompagnent le crime pour
souhaiter à leurs enfans le même sort qu'elles avaient
eu, et elles se montrèrent prêtes à faire tout ce que
M.me Fry ordonnerait ; car elles avaient, disaient-
elles, une véritable horreur des juremens et des
expressions dégoûtantes que leurs enfans balbutiaient
en apprenant à parler. M.me Fry les invita à bien
réfléchir sur ce quelle leur proposait, parce qu'il

lui était impossible de réussir sans leur concours volontaire et persévérant ; mais que si ces femmes voulaient faire leur devoir elle ferait le sien. Elle leur dit qu'il convenait d'abord de nommer entr'elles une gouvernante, mais que c'était leur affaire, et qu'elle s'en rapportait à leur choix.

Ces femmes se confirmèrent par la réflexion dans le désir de voir leurs enfans soumis à une instruction régulière. Quand M.me Fry revint, elle trouva qu'on avait élu une maîtresse d'école ; et ce choix fit honneur à leur discernement, car elle s'est toujours très-bien conduite, et ne s'est écartée de la règle dans aucun cas. Elles répétèrent leur promesse d'obéissance entière, et les plus jeunes demandèrent à être admises dans l'école projetée pour les enfans.

Une fois assurée du consentement de ces femmes, M.me Fry s'occupa d'obtenir celui du gouverneur. Elle lui fit une visite, elle y trouva les shérifs et l'aumonier : tous trois approuvèrent et louèrent beaucoup ses vues, mais lui avouèrent qu'ils n'avaient que peu d'espérance sur la réussite. Dans une conférence suivante, ils lui apprirent qu'ils avaient fait un examen scrupuleux de la prison, et qu'ils avaient eu le chagrin de s'assurer qu'il n'y avait point de place où elle pût établir son école, ensorte qu'elle serait forcée d'y renoncer ; mais M.me Fry avait mis son cœur à cette entreprise, et elle la jugeait si importante dans ses résultats, qu'elle résolut de ne l'abandonner que lorsque l'impossibilité lui en serait démontrée.

démontrée. Elle demanda à être encore une fois admise seule dans la prison, et dans cette visite elle découvrit une cellule qui n'était pas employée, et dont elle obtint l'usage pour son école. Celle-ci fut entreprise dès le lendemain. Mme Fry y conduisit une jeune femme qui voyait ce spectacle de la prison pour la première fois, et qui m'a dépeint avec la plus grande force les impressions qu'elle reçut. La grille était garnie de ces malheureuses femmes à demi-nues, qui se battaient et s'injuriaient pour être au premier rang, afin d'obtenir des aumônes qu'elles sollicitaient avec d'horribles cris. Elle croyait entrer dans un repaire de bêtes féroces; et quand elle entendit la porte se refermer sur elle, elle fut saisie d'un frisson de crainte en se trouvant associée pour la première fois à de si étranges compagnes. Cependant, dès le premier jour, elles obtinrent infiniment plus qu'elles n'avaient espéré. La plus grande difficulté fut de refuser un grand nombre de jeunes filles, qui toutes demandaient avec instance d'être admises à l'école. La cellule était trop petite; et cependant le refus était désespérant à prononcer, puisqu'il n'y avait que ce moyen de réforme.

Ces deux Dames, et quelques autres qui s'y joignirent, continuèrent à travailler à cette école, et elles y donnèrent beaucoup de temps; mais leur présence habituelle dans cette prison leur donna l'occasion d'observer que le défaut de règle de conduite, mais surtout l'oisiveté, était la principale cause de l'horrible et dégoûtante dépravation qui continuait à régner au milieu d'elles. Le désir d'être utile à ces malheureuses s'accrut chez ces Dames; et cédant aux sollicitations des femmes elles-mêmes, elles projetèrent le plan d'une école qui serait destinée à apprendre à lire et à travailler à toutes les femmes condamnées.

Lorsque ces Dames en parlèrent à leurs parens et amis, ce projet parut, en quelque sorte, absurde et visionnaire : ils assurèrent que les toiles, étoffes ou autres objets mis en ouvrage seraient volés; qu'un tel projet, applicable à des sujets accoutumés au travail, échouerait infailliblement avec des êtres habitués au vice et à la paresse; qu'enfin ces femmes, qui avaient passé par tous les degrés de la corruption, dont la jeunesse s'était écoulée dans le vice et dans le désordre, qui ensuite avaient fait un métier régulier du vol, et dont tous les parens et amis étaient complices de leurs crimes, étaient absolument sans espoir de réforme. La nouveauté de la chose pourrait bien avoir pour elles quelque piquant, et les engager à un essai pour se soumettre à la règle de l'école; mais le travail ne tarderait pas à leur être désagréable; la gêne et la subordination leur deviendraient bientôt odieuses; des habitudes prises dès le berceau et confirmées par le cours d'une vie entière, reprendraient leur ascendant; leurs passions violentes ne manqueraient pas de se déchaîner, et elles refuseraient l'obéissance à une maîtresse qui n'y avait point de véritables droits. Enfin, les gens les plus sages s'accordèrent à croire que celles qui avaient bravé les lois de leur pays et la crainte des supplices, se révolteraient bientôt contre une autorité qui n'avait aucune base que la simplicité des intentions et la douceur. Ce n'est pas la circonstance la moins remarquable de cette réforme, que l'accord de ces Dames à persévérer dans une entreprise en apparence désespérée, et cela contre l'avis formel et raisonné de leurs parens et amis, et la crainte qu'elles avaient elles-mêmes d'être insuffisantes pour cette tâche; mais d'autre part, la nature de leurs rapports avec les détenues, leur avait donné une confiance qui ne pouvait pas facilement être détruite; leur conscience leur rendait le témoignage qu'elles n'avaient d'autres vues que le bonheur de ces malheureuses, et elles comptaient sur la direction et sur l'appui de Celui qui se plaît souvent à employer les instrumens les plus faibles pour accomplir les plus grands desseins. Elles annoncèrent donc, que s'il se trouvait des individus bienveillans qui voulussent former un Comité, pour partager le travail, et qu'une femme s'engageât de son côté à inspecter la prison, sans la quitter ni jour ni nuit; elles, de leur côté, s'engageraient à trouver de l'ouvrage pour les prisonnières, ainsi que l'argent nécessaire à l'entreprise, jusqu'au moment où la ville les relèverait dans leurs engagemens et dans leurs fonctions.

Il se présenta immédiatement onze femmes de la Société des amis, lesquelles réunies à l'épouse d'un ministre de l'Église anglicane, formèrent un Comité, et prirent la tâche de se consacrer entièrement à New-Gate. Elles ont rempli cette promesse, et presque sans aucun relâche quelconque, elles ont vécu au milieu des prisonnières.

Tous les jours de la semaine, et dans toutes les heures du jour, quelques-unes de ces Dames étaient dans la prison, occupées à donner des leçons, ou à travailler avec leurs élèves ; et encore actuellement que cette surveillance constante est devenue moins nécessaire, l'inspectrice m'a assuré qu'il ne se passe pas un jour où quelque Dame du comité ne visite pas la prison ; que très-souvent, elles y viennent le matin quand les prisonnières s'habillent, y passent le jour entier, partageant le repas des prisonnières ou se passant de manger, et ne quittent l'école que lorsqu'il est nuit.

Le premier soin du comité fut de se procurer une inspectrice. Heureusement ces Dames trouvèrent une femme d'un certain âge, très-respectable, qui ne craignit point cette tâche, et qui en remplit les devoirs avec une fidélité exemplaire.

Il fallut ensuite s'adresser à l'autorité. M.ʳ Cotton, aumônier de New-Gate, annonça à M.ᵐᵉ Fry que son projet manquerait, comme beaucoup d'autres plans de régénération qu'on avait faits pour la prison de New-Gate. Le gouverneur, M.ʳ Newman, l'encouragea à persévérer ; mais il a avoué depuis, qu'il n'avait alors aucune espérance qu'elle réussît à cause de la dépravation profonde de ces femmes. L'un et l'autre promirent de co-opérer de leur mieux.

Elle s'adressa ensuite à M.ʳ Bridges le shérif, et lui demanda son approbation et ses secours, ainsi que ceux des magistrats de la Cité. Elle se borna à la demande d'une chambre et d'un salaire pour l'inspectrice, et d'une chambre pour les séances du comité. Il promit son assistance ; mais il observa que la bonne volonté des prisonnières serait encore plus nécessaire, et qu'on ne pouvait prendre une autorité légale. M.ᵐᵉ Fry insista pour que l'on assemblât les prisonnières en présence des Shérifs, et qu'on leur demandât à elles-mêmes, si elles consentaient à se soumettre à la règle. Le dimanche suivant, le gouverneur, l'aumônier et les deux shérifs se réunirent à New-Gate avec le comité des Dames. Plus de soixante et dix prisonnières furent réunies. Une des Dames se chargea de leur expliquer le projet, et leur fit comprendre que le seul moyen d'amener un résultat si heureux pour elles, était de les soumettre à de certaines règles. En conséquence on leur demanda si elles consentaient à cette soumission. Toutes donnèrent l'assurance qu'elles obéiraient ponctuellement aux règles qu'on leur prescrirait.

Il s'agissait alors de trouver de l'ouvrage. Une des Dames eut l'idée d'employer les prisonnières à faire des bas et d'autres vêtemens, pour la colonie de

Botany-Bay. Elle s'adressa à MM. Richard , Dixon, et leur avoua franchement qu'elle avait le projet de leur enlever cette branche de commerce. Après leur avoir expliqué ses vues , elle leur demanda leurs bons avis. Ces messieurs l'encouragèrent beaucoup , et se chargèrent de procurer constamment de l'ouvrage aux prisonnières.

Il ne restait plus qu'à préparer une salle pour l'école : les shérifs y pourvurent ; la buanderie y fut destinée, et en peu de jours le comité put y rassembler toutes les prisonnières condamnées. Une des Dames leur adressa la parole. Elle leur fit sentir les avantages du travail et de la sobriété, le plaisir et le profit qu'il y a à bien faire ; elle fit ressortir le bonheur et la paix de ceux qui mènent une vie religieuse et morale , par opposition avec le malheur de la vie qu'elles avaient menée et de ses conséquences. Elle insista sur la grandeur de leurs fautes aux yeux de Dieu , et en appela à leurs propres témoignages, pour déclarer, si, même dans ce monde, les conséquences du vice n'étaient pas la misère et la ruine. Elle développa ensuite les motifs qui avaient décidé les Dames du comité à cette entreprise de réforme. Elles abandonnaient leurs familles, pour venir s'établir dans cette prison qui était en horreur à tout le monde ; mais elles se sentaient animées d'un ardent désir d'adoucir les maux de leurs semblables, et de leur faire partager les connaissances qu'elles avaient elles-mêmes le bonheur de posséder.

La Dame qui avait pris la parole leur dit ensuite, que les personnes qui composaient le comité ne prétendaient point dicter des lois et exiger l'obéissance, mais que toutes devaient agir de concert, et qu'on n'établirait pas un seul règlement, qu'on ne nommerait pas une seule monitrice, sans leur concours volontaire et unanime; elle termina en invitant celles qui pourraient avoir quelqu'objection à présenter, à le faire franchement. On lut ensuite un règlement en douze articles; et après la lecture de chacun de ces articles, les prisonnières furent consultées : voici ce règlement.

1.º Il sera nommé une inspectrice pour la surintendance générale ;

2.º Les prisonnières seront occupées d'ouvrages à l'aiguille, de tricotage, et autre travail convenable;

3.º Il n'y aura ni mendicité, ni jurement, ni jeux de cartes ou autres, ni dispute, ni conversation immorale. Les romans, les pièces de théâtre, et tous les mauvais livres seront exclus. On s'abstiendra d'expressions violentes et indécentes, et toute contravention sera rapportée à l'inspectrice;

4.º Il y aura une portière choisie parmi les prisonnières, pour les avertir quand les parens demanderont à les voir, pour s'assurer qu'elles seront accompagnées à la grille par une monitrice, et pour veiller à ce que la prisonnière ne parle qu'à ses parens. Si quelques prisonnières désobéissaient, la portière en ferait son rapport à l'inspectrice;

5.º Les prisonnières seront divisées par classes de douze, et chaque classe aura sa monitrice ;

6.º Les monitrices seront choisies parmi les plus tranquilles, et celles qui savent lire, et elles seront chargées de surveiller la conduite des autres ;

7.º Les monitrices n'inspecteront pas seulement leur propre classe, mais toutes les fois qu'elles observeront quelques fautes contre les règlemens, elles en informeront la monitrice de la classe, laquelle en fera son rapport à l'inspectrice, et les fautes seront notées sur une ardoise ;

8.º Si une monitrice manque au règlement, elle sera réformée, et une autre sera élue à sa place, dans la même classe ;

9.º Les monitrices veilleront soigneusement à ce que les prisonnières se lavent les mains et le visage avant de venir travailler, et qu'elles soient tranquilles pendant leur travail ;

10. A neuf heures du matin une cloche sonnera, et les prisonnières se rassembleront dans la chambre de travail, pour entendre lire l'Ecriture-Sainte par une des Dames du comité, ou par l'inspectrice. Les monitrices conduiront ensuite leurs classes en ordre dans les chambres qui leur sont destinées ;

11. A six heures du soir les prisonnières seront de nouveau réunies, et les monitrices remettront à l'inspectrice l'ouvrage fait pendant le jour ;

12. L'inspectrice tiendra un registre exact de l'ouvrage fait par les prisonnières, et de leur conduite.

Lorsque tous ces articles eurent été approuvés, et que les monitrices proposées eurent été confirmées, on lut le quinzième chapitre de St. Luc, dans lequel la parabole du figuier stérile parut applicable à celles qui écoutaient. Quelques momens de silence, selon la coutume admise chez les Quakers, terminèrent cette séance.

Pendant le premier mois, les Dames du comité mirent une grande importance à ce que l'expérience dont elles étaient occupées ne fût pas connue du public, afin de n'être point interrompues ou dérangées dans leur entreprise. A l'expiration de ce terme, le succès avait dépassé de beaucoup leurs espérances. Elles jugèrent alors convenable de s'adresser à la Municipalité de Londres. Elles estimèrent que ce serait une manière plus sûre de donner de la consistance et de la durée à cette entreprise, que si elle dépendait uniquement de la charité particulière. Un court exposé des résultats obtenus fut envoyé aux shérifs. Le lendemain, les Dames furent invitées à se rendre à New-Gate. Le lord Maire, les shérifs et plusieurs aldermans s'y trouvèrent. On rassembla les prisonnières, et on les prévint de ne rien changer à leur manière de tous les jours. Une des Dames lut un chapitre de la Bible, et ensuite les prisonnières se mirent à l'ouvrage comme de coutume. Leur attention pendant la lecture, leur extérieur décent, leurs manières tranquilles, leur air d'arrangement, d'ordre et de discipline en même temps que de gaîté , surprirent et charmèrent le lord Maire et les autres officiers. Ils connaissaient New-Gate; ils n'avaient pas oublié les pénibles impressions d'un spectacle qui donnait l'idée de la misère et du crime poussés au dernier degré ; et ils se trouvaient témoins d'une véritable transformation. Ce n'était plus cet assemblage de créatures déhontées , ivres , et à demi-nues , qui exigeaient plutôt qu'elles ne demandaient la charité; la prison ne retentissait plus d'imprécations, d'obscénités, et de chansons infâmes. Enfin , pour employer l'expression d'un observateur qui connaissait bien cette prison , elle n'offrait plus la représentation de l'enfer sur la terre , mais présentait, au contraire, l'aspect d'une manufacture active , et d'une famille bien réglée.

Les magistrats frappés de ces beaux résultats, sanctionnèrent par leur approbation, la marche adoptée ; ils autorisèrent les Dames à punir, au besoin, les réfractaires , par une courte réclusion ; ils se chargèrent d'une partie de la paie de l'inspectrice, et ils comblèrent de remercîmens et de bénédictions les Dames du comité. Cet établissement avait duré environ six mois, lorsque les prisonnières non jugées présentèrent une pétition très-instante pour demander la même faveur qu'on avait faite aux prisonnières condamnées. Elles promettaient la plus entière obéissance.

En conséquence de cette demande , les Dames

du comité firent les mêmes dispositions pour cette
division des prisonnières, et les soumirent au même
régime. Cette seconde expérience a réussi, mais
non pas d'une manière aussi complète que la première. On a éprouvé des difficultés pour se procurer
de l'ouvrage; et les prisonnières se flattant toujours
d'être bientôt libérées, ont montré moins d'application que dans l'autre division; elles sont d'ailleurs
plus ou moins occupées de préparer leur défense,
pour le moment de l'interrogatoire.

Les observations des Dames du comité s'accordent à démontrer que quelle que soit la cause qui
prévient ou interrompt le travail, il n'y a aucun
amendement à espérer sans celui-ci. Les progrès
dans le bien étaient constamment en proportion di-
recte du travail. Les prisonnières tout-à-fait oisives
s'amélioraient peu ou point; celles qui s'imposaient
quelque occupation gagnaient un peu en moralité;
mais les seuls exemples de régénération complète
se trouvaient parmi celles qui travaillaient sans relâche.

Il y a maintenant une année que l'expérience dure;
et les meilleurs juges de la chose, le lord Maire,
les shérifs, alderman, aumoniers et officiers de
police, employés aux prisons, soit l'année dernière,
soit celle-ci, s'accordent à manifester leur satisfaction et leur étonnement du grand changement opéré
dans la conduite des prisonnières.

Cependant le comité des Dames ne veut pas

dissimuler que la règle présente a été violée plus d'une fois. Des liqueurs fortes ont été introduites clandestinement, et quelquefois les prisonnières ont joué aux cartes en l'absence des inspectrices ; mais l'un et l'autre sont arrivés rarement. Une Dame du comité a entendu jurer une seule fois dans le courant de l'année ; et dans le même espace de temps, il y a eu six exemples d'ivresse. Cela montre, qu'en général, la règle a été observée. Les Dames du comité peuvent donc se féliciter d'une amélioration sensible dans la conduite des prisonnières, et elles espèrent que les habitudes commencent à prendre de la solidité. Plusieurs de ces femmes ont acquis l'instruction élémentaire, et la connaissance des vérités de la religion chrétienne, dont elles n'avaient aucune idée. Plusieurs d'entr'elles sont sorties, et mènent aujourd'hui une vie honnête et régulière. Il n'y en a eu qu'une seule de celles qui ont été libérées, qui ait été reprise en faute, et emprisonnée de nouveau.

Je vis, dans l'infirmerie, une femme qui paraissait mourante, et qui rendait grâce aux Dames du comité, et reconnaissait devoir à leur bonté tous les soulagemens et toutes les consolations qu'elle éprouvait.

Je dois consigner ici une anecdote relative au jeu, et qui montre l'efficace du système suivi. Une session venait de se terminer : plusieurs des anciennes prisonnières étaient sorties, et il en était arrivé de

nouvelles. Les Dames du comité furent informées
que l'on jouait dans la prison. Une de ces Dames y
alla seule , et assembla les prisonnières. Elle leur
dit le rapport qu'on lui avait fait; elle insista sur
les maux produits par le jeu , et sur son effet pour
dégoûter du travail. Elle insista surtout sur le chagrin que cela lui donnait , et elle leur dit qu'elle
s'estimerait bien heureuse si les prisonnières lui
montraient assez d'amitié et de déférence pour renoncer à cet amusement. Elle se retira ensuite dans la
chambre des Dames. Elle y fut suivie par l'une des
prisonnières qui lui apportait l'offrande d'un jeu de
cartes, en lui disant qu'elle était affligée d'avoir fait
du chagrin à une aussi excellente amie. Quatre autres prisonnières suivirent cet exemple. Elle brûla
les cartes en leur présence, et trouva juste de les
dédommager de quelque manière. Quelques jours
après , elle fit appeler auprès d'elle celle qui avait
donné le premier exemple du repentir , et elle lui
fit présent d'un mouchoir de mousseline. La prisonnière parut embarrassée. La Dame lui en demanda la raison. La prisonnière avoua qu'elle avait
espéré le don d'une Bible , sur laquelle la Dame
aurait inscrit son nom ; qu'elle se serait trouvée
bien heureuse de conserver toujours cette Bible ,
et d'en faire une lecture journalière. Il était impossible de se refuser à une telle demande. Jamais,
dit la Dame, une Bible n'a été donnée , ni reçue ,
avec tant de satisfaction. Cette prisonnière était

une jeune fille qui, d'après sa conduite dans les autres prisons et devant le Tribunal, était arrivée à
New-Gate avec la plus détestable réputation. Elle
a montré depuis beaucoup de régularité dans sa conduite, et on peut espérer en elle un amendement
solide.

Le gouverneur, l'inspectrice et le chapelain de
la maison de correction à Millbank, m'ont assuré
que les femmes qui leur arrivaient de New-Gate,
étaient d'un extérieur et d'une conduite beaucoup
plus convenables que celles qu'on envoie des autres
prisons dans le même lieu. Les femmes détenues
dans la maison de Millbank, et qui avaient été prisonnières à New-Gate, s'informaient, de la manière la plus affectionnée et la plus reconnaissante,
des Dames du comité. Il y en eut une à laquelle
je demandai, en lui nommant une de ces Dames,
si elle leur avait fait du bien. « Que le ciel la bénisse ! » s'écria-t-elle, « et bénisse le jour où elle est
venue à New-Gate pour la première fois ! Elle nous
a fait du bien à toutes ; et tant que nous vivrons
nous aurons des motifs pour la bénir. »

Cette femme me raconta ce qu'était la prison de
New-Gate avant l'institution du comité des Dames, et
quel changement avait été opéré. La malpropreté et
la mauvaise odeur de la prison étaient si insupporta-
bles, qu'elle en était tombée malade dès son arrivée.
L'unique occupation des prisonnières était de jouer,
de boire, de chanter des chansons obscènes, ou de

tenir des propos licentieux. Ses parens, qui étaient honnêtes, après avoir essayé de la visiter dans la prison, furent obligés d'y renoncer. Sa mère y avait été violemment dépouillée de son schall, et l'avait perdu. Des détenus, presque tous des voleurs, entraient librement dans la prison, et y passaient souvent la nuit. Tout cela changea à l'institution des bienfaitrices, et les prisonnières parurent bientôt aussi amendées quant aux sentimens et aux mœurs, qu'elles le furent dans leurs habitudes.

Un fait servira à montrer de quelle influence a été ce régime. L'usage immémorial des prisonnières de New-Gate condamnées à la déportation était de briser et détruire, la veille du départ pour Botany-Bay, tout ce qui pouvait être détruit dans la prison, puis de marcher vers le lieu de l'embarquement avec des cris de joie, comme pour braver la vengeance des lois. La nuit de dévastation et de fureur qui précédait le départ, était redoutée de tous ceux dont les fonctions avaient quelque rapport à New-Gate. Mais, à la grande surprise des anciens guichetiers, lorsque les prisonnières qui avaient été soignées par le comité des Dames furent averties de leur prochain départ, il ne se commit aucun désordre, il ne se cassa aucune vitre. Les déportées exprimèrent à leurs bienfaitrices leur reconnaissance et leurs regrets par des larmes. Elles se séparèrent avec attendrissement de celles qui restaient à New-Gate, et la marche du départ ressembla beaucoup plus à une procession funèbre, qu'à un transport de prisonnières. L'escorte ordinaire fut réduite de moitié.

S'il fallait encore des preuves matérielles des succès obtenus par ce comité de bienfaitrices, je parlerais des objets fabriqués par les prisonnières. Plus de vingt mille articles d'habillement ont été le résultat de leur travail, et il n'y a pas eu un seul exemple de vol, ni même une seule pièce égarée, sur ce nombre. . . . .

Si l'on porte ses regards sur les résultats que cette expérience peut avoir dans la suite, on ne se refusera point à croire qu'elle est une des plus importantes de celles qu'a suggérées une humanité active et ingénieuse. On peut, à quelques égards s'affliger que le lieu où il fallait agir ne fût pas plus favorable. L'espace resserré de New-Gate, en s'opposant à la classification, excluait l'emploi de plusieurs moyens qui auraient puissamment contribué à l'amélioration des détenues, et rendu les résultats plus frappans.

Mais à un autre égard, on peut se féliciter que cet essai ait été fait dans les circonstances les plus désavantageuses possibles. Combien un système qui a vaincu tant d'obstacles particuliers à New-Gate, ne sera-t-il pas plus efficace là où les moyens de séparation seront plus faciles, et où la corruption des prisonniers sera moindre. . . . .

Si l'on pouvait d'avance avoir quelque doute sur la réussite des moyens projetés, c'est à New-Gate, que ce doute devait se dissiper.

Cette prison contenait alors et elle contiendra toujours le rebut de la capitale : des gens coupables des crimes les plus honteux , des femmes qui par la fréquence de leurs rechutes étaient devenues les hôtes habituels des maisons de détentions , dont le vol était comme « le pain quotidien. »

Des succès obtenus sur de pareils êtres , sont concluans , et établissent la possibilité d'une réforme partout ailleurs.

Il est naturel de demander quel est le principe actif d'une telle régénération. « Comment, » dira-t-on , « quelques Dames sans autorité et sans force, ont-elles réussi à guider facilement tous ces caractères insubordonnés? à soumettre à une règle stricte cette démocratie sauvage? Comment ont-elles réussi à combattre l'influence des habitudes ! Par quel charme enfin ont-elles changé tout-à-coup le vice en vertu et établi l'ordre dans le séjour de la confusion! » Toutes ces questions se présentèrent à mon esprit, lorsque, pour la première fois, j'entendis M.ʳ Newman raconter quelle métamorphose s'était opérée dans le régime de la prison dès les premiers quinze jours. Ma visite à New-Gate leva tous mes doutes : je vis que les Dames du comité régnaient par la loi de bonté imprimée dans leur cœur. Elles ne parlaient jamais aux prisonnières qu'avec un ton d'affection et en même temps avec prudence. Ces êtres rejetés de la société n'avaient peut-être jamais entendu la voix de la compassion , ou vu des exemples de vertu. Ces infortunées avaient endurci leur cœur contre la crainte du châtiment, mais elles ne savaient pas résister à l'accent de l'intérêt, et de l'affection qui accompagnait des exhortations douces et raisonnées : la vertu leur paraissait doublement aimable, chez ces protectrices compatissantes, qui renonçaient, pour les servir, à toutes les douceurs de leur propre famille.

Voici les règles recommandées par les Dames du comité pour entreprendre avec succès la réforme des prisons.

1.º *Instruction religieuse, et lecture de la Bible,* matin et soir. Elles ont trouvé les prisonnières extrêmement ignorantes des premiers principes du christianisme ; et elles pensent, en général, que la prison, en éloignant tous les intérêts, les plaisirs, et les occupations du monde, en forçant à réfléchir et à craindre, favorise singulièrement les impressions religieuses.

2.º *L'occupation constante* est absolument indispensable pour la réforme d'une prison. Ces Dames se trouveraient absolument incapables de contenir ces esprits inquiets, et ces passions désordonnées, sans la ressource d'un travail continuel et utile.

3.º *Des lois simples et douces, mais observées*

à toute rigueur, et s'il est possible, le concours des prisonnières dans la formation de ces lois.

4.º *La classification et la séparation*, autant que la chose est possible.

5.º *Traiter les prisonnières avec des senti- mens d'humanité*, et comme des êtres sensibles. Il faut qu'elles sentent qu'on les aime d'un atta- chement désintéressé, pour qu'elles puissent s'at- tacher à leur tour ; mais il faut néanmoins les traiter comme des êtres que le vice a dégradés, en leur donnant, par une sorte de réserve, le sentiment de cette dégradation, et de l'humi- lité qui doit l'accompagner.